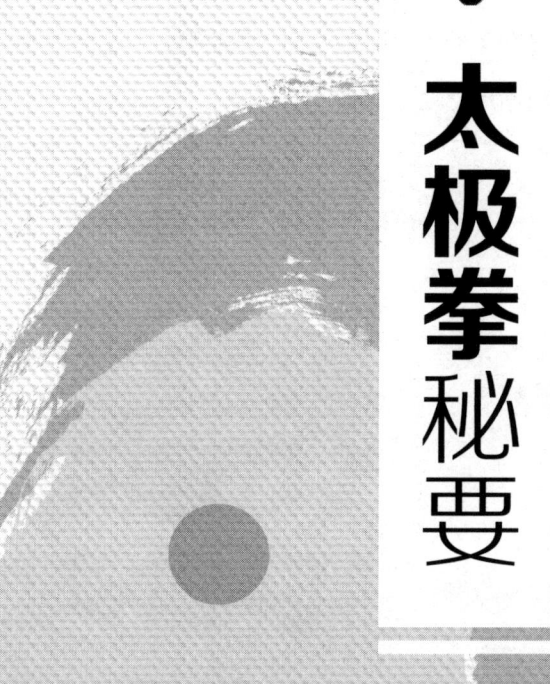

太极拳秘要

玉昆子 著

华夏出版社

图书在版编目（CIP）数据

太极拳秘要 / 玉昆子著. -- 北京：华夏出版社,2018.10
ISBN 978-7-5080-9304-8

Ⅰ.①太… Ⅱ.①玉… Ⅲ.①太极拳 – 基本知识 Ⅳ.① G852.11

中国版本图书馆 CIP 数据核字（2017）第 220299 号

太极拳秘要

作　　者	玉昆子
责任编辑	刘淑兰
封面设计	红杉林文化
出版发行	华夏出版社
经　　销	新华书店
印　　刷	三河市少明印务有限公司
装　　订	三河市少明印务有限公司
版　　次	2018 年 10 月北京第 1 版 2018 年 10 月北京第 1 次印刷
开　　本	720×1030　1/16 开
印　　张	22.5
字　　数	368 千字
定　　价	49.80 元

华夏出版社　　地址：北京市东直门外香河园北里 4 号　　邮编：100028
　　　　　　　网址：www.hxph.com.cn　　电话：（010）64618981
若发现本版图书有印装质量问题，请与我社营销中心联系调换。

作者祖父、大侠韩其昌先生画像

祖训

好练之家,可传也;

不练之家,不可言名也;

不可传予匪人也;

后世子孙谨记。

韩其昌 嘱

玉昆子奉茶图

玉昆子修行图

目　录

前言　/ 1

第一章　太极拳起源考　/ 1

第二章　太极拳理与道家思想的理论关系　/ 7

第三章　道家精气神观念与武学的关联　/ 13

第四章　道家周天功法　/ 17

第五章　静功练习原理及注意事项　/ 27

第六章　八段锦功法练习　/ 35

第七章　无极桩功　/ 49

第八章　动静兼修的养生原理　/ 55

第九章　太极拳练习法　/ 61

第十章　太极拳推手要领　/ 236

第十一章　推手歌诀详解　/ 240

第十二章　太极推手演练法　/ 246

第十三章　力量型练习的必要性　/ 308

第十四章　太极球演练法　/ 313

第十五章　以武入道　/ 318

第十六章　修德与养生及搏击的关联　/ 325

第十七章　太极到底能不能打？　/ 334

后　记　/ 338

前　言

太极拳是悟理、入道的门径。古人创此拳乃是在教后人如何修身、齐家、治国、平天下的，因此它是修身立命的法宝。贫道习练的太极拳是祖父亲手传授的，我还记得您老人家跟我说的话，比如练拳者要重情重义、尊师重道，要有德行等等。我还记得您老人家说："练拳时动作要做到连贯，如同大海之波浪，一波未定一波生，好似蛟龙水面行。太极拳的步法宛如猫行，轻灵无声，起落不断，运劲如抽丝，循环相连，收缩贯串"等等。祖父的话语及练拳的身影至今回想起来还是那么的令人回味。

您老人家教完我太极拳后不久便仙逝了（享年96岁），所以我内心深处对此拳怀有一份很真挚的情感。祖父在仙逝这一年还参加了北京市武协举办的"北京市武术家庭"评选活动，您老人家还亲自上场给大家演示"十三太保功"，当年可说是身体康健，不像是有九十六岁高龄的老人。您头发是花白的，留的胡须也是花白的。表演当天，大家猜祖父的年龄，普遍都说您老人家七十多岁吧！如不是因为您偶感风寒后没太在意，加重了病情，转成急性肺炎过早仙逝，估计您老人家现在还能给我们讲拳呢！我是6岁起跟随您老人家习拳直至21岁，您老人家整整培养了我15年，您老人家过早的仙逝或许是花费在我身上的心血过多，过度的透支所导致的吧！

闲话少叙，走入正题。太极前辈讲："太极拳由无极而生，并能巧妙地运用自然造化，它形如太极之象，浑然一圆，故称'太极拳'。"我认为太极拳是武术理论与道家思想完美结合的产物，是两者相互依存、相互转化所形成的一套特有的刚柔相济、内外相合、上下相通、快慢相间、形意结合的拳法。

现在人们总以为太极拳简单易学，不用费太大的力，而且不出几个月便能学会——其实这个认知是非常错误的。前辈讲"一年的形意打死人，十年的太极不出门"，您看古时记载的太极拳，练习起来是分动、静两种练功方法的，即太极拳套路为动功，太极拳的无极桩为静功。这两者都需要经过非常严谨刻苦的训练和修行，才能逐渐懂得太极拳真义所在。前辈讲："武术内家拳里的动功，是道教炼精化气的过程。而内家拳里的静功，则是道教所说的炼气添神的过程。如要想得到其中真义，是必须同时习练动、静这两种功法的，而且是缺一不可的。"

太极拳静功里的"无极桩"是运气调息之法。而且静功里的运气调息主要目的在于调和阴阳，交合神气。所以太极拳里的无极桩行气之法是练太极拳最重要的一环，因为站无极桩功法，能洗心涤虑，排除杂念，使身心合一，这种心境才是练太极拳成功的关键。

要想练好"无极桩功"，前辈们把打坐、练八段锦视为第一步下手功夫。而且前辈们还特别强调在练拳前"尤应治脏，使内脏清虚，不着渣滓，才能神敛气聚，其息自调。进而吐纳，使阴阳交感，浑然成为太极之象。"即练太极拳之前，先要调理好身体。不过"静功"不能瞎练，必须要找有传承的武术世家指导练习为好，否则很容易走火入魔，甚至自残疯掉！

太极拳套路是动功，而松静自然是练太极拳的第一要求。习练者在练拳的时候不仅要求全身放松，还要做到心灵的放松，要在练功时身心达到松弛状态，因为只有身心放松，气血供应才能运转正常，才能发挥出潜在的神力。而且在与敌格斗时，只有心静，周身放松，才能更有效地发挥自己的潜能，攻防的下意识才能更强大，才能有效地克制敌人。所以心静、放松、心无杂念、专心练拳的方法，必然会对练拳人的身心及后来的搏击训练带来益处。

太极拳还以其刚柔相济、动静相间、阴阳虚实的技巧闻名于世。它的动作起落轻缓、大气而舒展，可谓老少皆宜，且不分体质强弱、胖瘦，也不受性别、年龄、身材所限。既能强身健体、调和气血，又能修炼心性、减缓身心压力。学习太极拳有这么多的好处，自然会受到众多人的青睐，并报以积极的学习热情，但往往又会进入另一个盲区，不知道学好太极拳还要有明师的指点，否则会对身体造成伤害。（我用这个"明"字，就是在讲您要找一个明白太极功理的老师为好，不要追求所谓的"名"师，因为所谓的某些"名"师，盛名之下，其实不见得明白太极拳。）您看前辈讲"……其根在脚，发于腿，主宰于腰，形于手指。由脚而腿而腰，总须贯通一气。向前退后，乃得机得势，有不得机得势处，身便散乱。其病必于手、腰、腿不合所致"。所以练习太极拳时需要气沉丹田、上下贯通、周身合整，并懂得腿要随手法的变化而知进退。很多未经训练、无任何基础的太极拳爱好者，在画圆时错误地用膝盖或腰着力，久之，就会造成腰、膝磨损或者膝关节积水。这完全是不懂拳术进退、起落方法造成的。您看，练太极拳要注意到这么多的细节，初练者怎能没有明师在旁边叮嘱指正呢？再者，太极拳套路是动功，而动功必须要有一定的运动量才能达到炼精化气的最佳效果，否则，您练了一趟拳连汗都没怎么出，这样的练拳方法，不就等于没练吗？

修炼太极拳另一个不可忽视的地方，就是蕴含于其中的道家思想内容，细细分析起来格外的有意思。您看太极拳的"掤、捋、挤、按、采、挒、肘、靠"，其寓意是八卦。掤、捋、挤、按对应坎、离、震、兑，乃四正方向的搏击之法。而采、挒、肘、靠则对应乾、坤、艮、巽，乃四斜角方向的搏击要领。而其中的进步、退步、左顾、右盼、中定，其实是在讲五行。即搏斗中的金、木、水、火、土的生克变化。太极拳的每招每式其实都深藏着丰富的搏击要领及实战制敌之法，这其中的进退攻防之道更是充满了兵家谋略及思想。在一种拳术里蕴含了这么多的文化及哲学，怎能不受广大修习者青睐呢？不过，反观现在流行的太极拳，其中丢失的内容是否也太多些了呢？

我祖父曾说过，要想练好太极拳，必须要练太极拳的功。太极拳所说的功分内功与外功，上述所讲的动、静相间所练出的功，为内功。而练外功，其实是有很多种方法的，比如尺、板、球、带等，我在这里就不一一述说了。其中有一种外功练习是对太极拳有特别帮助的，这就是太极球练习法。此功法不仅有助于增长身体的力量，而且还有助于体会身似抱球的感觉，即前辈讲的"浑然一圆的意境"。——懂太极拳的人都知道，太极拳所有姿势里都有身似抱球的概念。故此前辈讲"所有太极拳之动作无不以圆为体，阴阳为用"，这就是我在本书中讲道家阴阳、讲此功法的原因。

另外多感慨一句：我每每提到要增长自身力量时，便会有很多学员对我的话表示不理解："练太极拳还需要练力量吗？"他们认为太极拳注重的是吸、卸、揉、化，以巧破千斤，不是讲不使用蛮力吗？可他们不知道，太极拳的巧力必须要自身具备千斤之力方能用上，否则，招法再巧妙，与敌方交手时，也无用武之地！我讲的这个千斤之力，是运用武术多种训练方法所练出的活力，而不是单纯的举哑铃练出的死力。

再来说说推手。在我这本书中，推手占很大的篇幅，是因为以往人们对它的作用，或者练习它的目的性，理解得不太全面，所以我要着重地阐述它。

前辈讲，人的身体好似军营，眼似先行，耳似侦探，脚似战马，手似刀枪，哼声如号令，人身四肢的毛孔为五营四哨。心为元帅，以发令使号；气为号令之旗，受命立刻分发四肢毛孔，即为五营四哨，腰为大纛，屹立中军，不偏不倚，监督手足的运用，也就是五营四哨之攻守。两人在推手中，双手一搭，就如同两个阵营在对垒，举手投足必须深谙吸、卸、柔、化、粘、黏、连、随之理，用心去听劲，用巧妙的招法智慧地运用古时的兵法战略去破解。这样练出来的推手，才可用于实战，否则俩人推来推去像是在玩游戏一般，毫无价值可言！其次是在推手时的攻防进退，起身落点，还要注意以身带步、步随身换、脚随手出、手脚齐到、内外合一等要点。

其实无论练拳还是推手，都需要以开合、进退为基础，开合、进退如得法，则各部顺畅，动作如意。开合、进退得法即是在讲，在运动中要做到六合之要求，即外三合"肩与胯合，肘与膝合，手与脚合"的要求，以及"心与意合，意与气合，气与力合"的内三合要求，这样才能在练太极拳时做到手、眼、身、法、步的上下相随，左右协调。三节九段才能互不牵扯、周身一体。一个人若能练出身体的感知，练出形与意的协调，练出气与力的贯通就能达到太极拳里的大化境界。

总之，太极拳的刚柔相济，内外兼练，以及它的尊师重道，打破门户之见，百科群揽，和道家的"筑基填亏"、"炼精化气"以及"尊道贵德"、"性命双修"等，这些都构成了中华武道文化的基本元素，也证明了中华武道文化的发展与道家的思想理念的演变是互相促进、紧密联系在一起的。

我习武的这些年，一直深感能得祖父亲自传授太极拳是我的幸运。我愿把这份幸运及我多年来的习练心得，与读者朋友分享，并愿您从太极拳的习练中，收获乐趣与健康。

第一章　太极拳起源考

关于太极拳的起源，其实是一个很好考证的问题。但是由于不同利益群体的关系，人为地造成了当今众说纷纭的现状。目前有关它的起源不下十几种说法，这是金钱、利益在作怪，故难以统一。不过，关于太极拳的起源，说得最多、影响最大的，大致可以归纳这两大类观点：一类认为太极拳是陈王廷所创，发源于陈家沟；另一类认为在此之前早有太极拳，大约在南朝韩拱月、程灵洗开始，经唐朝时许宣平、李道子，宋时程秘，明时张三丰，明清王宗岳、蒋发，清中叶陈长兴发展起来的。

这就难了，世上没有时光机器，另外贫道修行还尚浅，不能穿越到古代去一一证实它，只能通过现在的网络资讯去查找线索。还好，祖父在教我太极拳时曾说："我教你的太极拳是杨氏太极拳老架，它源于陈家沟，再由杨露禅先生整理汇编后所传的拳法。我是跟班侯他们换艺换回来的，有些地方加入了我对太极拳的理解，并做了些更改。"所以，贫道对太极拳的起源，更偏向于陈家沟陈王廷创拳说。

其实早在二十世纪三十年代，武术考据家唐豪等人就考证过，认为太极拳正是河南温县陈王廷所创编。他的论据如下：

（1）名将戚继光曾编著《拳经三十二势》一书，其中吸收了当时流传于民间的十六家拳法，并没有提到太极拳，这起码说明作为一代名将和武学大家的戚继光都没有议论过太极拳。

（2）温县陈家沟的陈王廷曾是军中战将，明亡（1644年）前三年，陈王廷披坚执锐，正当壮年。明亡后，陈王廷消极隐居，思想上受道家学说的影响很大，从他写的诗词中所讲到的，"年老残喘"还能够"耕余造拳"，"教下些子弟儿孙"，可推测太极拳的创编是在十七世纪六十年代的清初。

（3）对比陈王廷传授的太极拳五路、长拳一百零八势一路和炮锤一路等七套拳法可以看出，其中吸纳、借鉴、采用了戚氏《拳经三十二势》中的二十九势，而且，《拳经三十二势》的开头是"懒扎衣"、"单鞭"两势，这七套拳法的开头也都是这两势。

（4）陈王廷所著的《拳经总歌》的歌词中借鉴了戚氏《拳经三十二势》歌词的内容精华。戚氏《拳经》有："怎当我闪惊取巧"、"倒骑龙佯输诈走"、"一条鞭横直披砍"、"挨步逼上下提笼"、"进攻退闪弱生强"等句。而陈王廷《拳经总歌》中则有："闪惊取巧有谁知"、"佯输诈走谁云败"、"横直披砍奇更奇"、"上笼下提君须记"、"进攻退闪莫迟迟"等类似的词句。经过对照不难看出，陈王廷在拳论方面是吸取了前辈归纳总结的精华，在融会贯通的基础上作了一系列创造性的发挥。

（5）陈王廷《拳经总歌》开头两句："纵放曲伸人莫知，诸靠缠绕我皆依。"这是太极拳推手的特点。而在明代后期，当时的武术大家，如俞大猷、戚继光、唐顺之、程冲斗等人的武术著作中都没有提到这种特点。

综上所述，戚继光生于1528年，卒于1587年，所以太极拳应该是晚于戚氏《拳经三十二势》出现的拳种，并且是以戚氏《拳经三十二势》为基础，融合道家思想理论的新创拳种。

通过历史资料不难看出，太极拳正是陈王廷所创的拳法。不过，当时不叫太极拳，而叫做十三式、棉拳。

再来看一看史料记载中的陈王廷：陈王廷（1600—1680），字奏廷，河南温县陈家沟人。明末武贡生，清初文贡生。（可谓文武双全！）其武术造诣在山东称为名手。曾扫荡群匪千余人。陈氏拳、刀、枪创始人也。天生豪杰，有生前大刀可考。（以上记载参见《陈氏家谱》第十二页，原谱现存北京）他是陈家沟第九世，出身地主家庭，其父名抚民，祖名思贵，父、祖两代均好拳习武。（真是习武世家，门风强悍！）

又据《温县志》记载，在明思宗崇祯十四年（1641），陈王廷任温县"乡兵守备"，曾在山东扫荡群匪，甲申年（1644）明朝覆亡的前后，感慨国势衰微的陈王廷自觉年老，于是黯然隐居，造拳自娱，教授弟子儿孙。他曾写有一首遗词："叹当年，披坚执锐，……几次颠险！蒙恩赐，枉徒然！到而今，年老残喘，只落得，黄庭一卷随身伴。闷来时造拳，忙来时耕田，趁余闲，教下些弟子儿孙，成龙成虎任方便。"一代武学宗师晚年郁结的形象跃然纸上，读来真是令人扼腕叹息。

陈王廷一生研武创拳，为后世留下许多武术套路。据《陈氏拳械谱》等一些史料记载，陈王廷所造拳套，有太极拳（一名十三势）五路，长拳一百八势一路，炮捶一路。戚继光《拳经》三十二势，被吸取了二十九势。可谓集当时众家之长，开后代陈氏先河。

陈王廷所创太极拳的主要传人有：蒋发、堂侄陈汝信、陈所乐等。

十三式、棉拳在陈家沟由陈氏子弟世代传习，后经五代人的传承、研究、整理汇编，传至十四世陈长兴这一代时，已把此拳研习到"出神入化"的境界。而在传承过程中，十三式、棉拳也正式更名为太极拳。

此时，值得一提的是，陈长兴老先生（1771—1853）曾把太极拳传给河北永年人杨露禅。正是这位杨露禅先生（1799年—1872年）将太极拳传至北京。当时清代王公贝勒跟随他学习者颇多，以至于太极拳成为当时北京的时尚运动。杨露禅先生还被聘为旗营武术教头，所以杨先生为推广传统太极拳起到不可磨灭的积极作用，时人称"谁知豫北陈家技，却赖冀南杨氏传"。

再后来，杨露禅先生传河北吴全佑（1834—1902），现在的吴氏太极拳便是由他派生出来的。杨先生还曾传永年人武禹襄（1812—1880），他得杨露禅杨氏老架之后，又得陈清萍陈氏小架，后演变成武氏。孙禄堂（1860—1933）从学于武禹襄弟子郝为真，武禹襄的老师为杨露禅先生，而孙禄堂是孙氏太极拳创始人。这就是世人熟知的五氏传统太极拳传承的脉络。其实杨、吴、武、孙四氏是直接或间接来自陈氏第一路太极拳，他们是一脉相承，武术史料清晰可见。

1928年，陈氏十七世（太极拳第九代）陈发科先生，应许禹生等人之邀，来到北京传拳，开创了"不意陈君标异帜，缠丝劲势特刚强"的新时代。为什么这么说呢？据老人讲，"陈发科先生来到北京之后，以武会友，结交了北京武林界众多的朋友，并把传统式摔跤——当时人称技巧跤的摔法，及形意拳的发劲巧妙地融入太极拳里"，形成了如今陈氏太极拳凶猛、强悍的风格，表现了新派陈氏太极拳特有的风采，陈发科也成为当时的一代宗师。

也是在那个时期，中国人为了摘掉东亚病夫的帽子，以雪列强侵华给国人带来的耻辱，一大批武术家纷纷倡导以武兴国，要在民间推广实用武术、实用太极。1929年举办的擂台赛就是在此背景下产生的，当时称为国擂，地点选在杭州，因当时的杭州居住了大量的外国人，故擂台就设在这些外国人居所的附近，而且此次活动允许外国人参加，不过，当时约定打死人不偿命，所以没有一个外国人敢参加比赛。李景林先生为此次活动的总裁判长。李景林先生还在擂台上,用他所研究的太极拳打退上台挑战的选手,在当时被传为佳话。所以陈发科先生重新研发祖上传下来的太极拳,让其更实用,其实也与这个大背景有关。他在北平国术馆执教期间,对陈式太极拳的推广起到了关键作用。

说句闲话,早先陈家沟太极拳名家陈垚(1841~1926,陈鑫的哥哥)有一对铁铜,每条十六斤,一对三十二斤,陈垚死后,仅陈发科一人能够使用。后来的后辈子弟中,至今仍无人能再使用它。(不过现在的陈家沟在陈小旺等人的带领下,已基本恢复当年的英姿。)

如今,虽然国家几次大力推广太极拳普及运动,但实际情况却是:知道真正太极拳技法的人不多了!在今天,我们很难听到太极拳最根本的内容,比如它的内练、内养以及它的技击攻防之术……这些太极拳的精华早已在国家的推广套路里没了踪影,剩下的只是太极拳的基本姿势而已。

不过说到咱们今天这套世人皆知的"太极拳"的由来,倒也很有点流传渊源可考。这门太极拳源于1956年,国家体委运动司武术处决定,由毛柏浩、李天骥、唐豪、吴志明组成四人小组,由李天骥执笔编写和演示,要求以"删繁就简、去其反复"的原则(全然不细究其中繁复的精妙处及太极拳的功理),从杨澄浦定型拳架中摘取20个不同姿势,简化为《24式太极拳》,个别动作练法均有所改动。1957年进行审定,参加审定人由李天骥组织(河北永年县参加人员有傅钟文、杨振基、郝少如、姚继祖、魏佩林等人),审定通过后,同年,在国家体委召开的武术学习会上又广泛征求意见,后出版成书,加以推广普及。

这套《24式太极拳》,动作少,套路短,好学好记,形象美,舒展大方。一经定架,很快普及全国,风靡世界。不过,删减后的《24式太极拳》所涵盖的内容仅是杨氏太极拳的部分动作而已,其精华早已不再。随着国家创编太极拳的广泛普及,为了由简到繁、由浅入深,国家体委根据杨澄浦定型的传统套路,修订出太极拳套路88式。与传统套路的姿势对照,这套拳在个别动作名称和练法上都有所变化。国家创编的88式太极拳在1962年出版的《太极拳运动》一书中公开面世。

1979年,国家体委以杨式大架太极拳为主,同时吸收其他流派太极拳的一些特点和练法,又创编了《48式太极拳竞赛套路》。

1988年，为了限制时间，适应表演竞赛大会的需要，国家体委又创编了《40式杨式太极拳竞赛套路》，表演下来只需6分钟。

1990年第十一届亚洲运动会前，国家体委为方便各流派综合锻炼、同场竞技、缩短表演时间，仍以杨式太极拳为主，吸收其他流派太极拳的一些特点和练法，将原《48式杨式太极拳竞赛套路》缩编为《42式杨式太极拳竞赛套路》。随着这种"简化版""表演型"太极拳的推广，加上老一辈武术家的相继去世，传统太极拳所遗失的东西那可真是太多了！从这儿开始，太极拳从小范围的、由传承人的弟子按传统的口传心授的方式相传几百年的武术运动，便成了广大人民群众都能练习的拳法。说起来，这其实既是进步又是退步，进步是它实现了全民普及，退步的是，它华而不实、空有外壳，这未免让知道真相的武术修习者们感到惋惜和无奈。而民间传承人，那些懂得太极拳真谛的大家们更是到了自生自灭的窘地。

更可悲的是，到目前为止，关于太极拳起源问题的争论还愈演愈烈，甚至闹到对簿公堂，有的还发生了私下争斗，伤害了武林和气，成为制造社会不和谐的因素。为什么要闹到如此呢？我个人认为太极拳的"起源"与谁是太极拳的"正宗"应该分开来看待。现在我们见到的太极拳，跟一二百年前的太极拳必是有所区别的，其实太极拳的完善是有一个萌生、成型发展、壮大的过程，是经过多少代武术家们的探索、实践、演化、总结而形成的。在不同的时期及地域，此拳法都有应时、应地、应人之变化，如果把众多武术家的积累归附到一人身上，是不公平的。现在的传统太极拳是中华民族之瑰宝，不是属于某一人的，而是属于整个中华民族的。我认为，正宗是虚，得功为实。您如果真能争到太极正宗的虚名，就能说明现在的太极拳是您的专利，其他人都不得染指吗？还是能证明您的武功有多深，别人都不如您？所以说到底，争来争去的所谓太极拳的"正宗传人"，其实也只是一个虚名而已；至于它的渊源、它的学术价值及历史价值，是学者们去研究论证的事，而不该是武术家们互相争斗的缘由。

自古以来，做师父的，都怕徒弟学成后，恃强凌弱，反过来欺师灭祖，甚至祸国殃民，特别是近代，更是如此。你想学艺，师父教你，但能不能倾囊而授，把其真谛真传给你，那是另一回事喽！武林界常说："传武不传功，到老一场空。"如果您没有学到真东西，要那虚名有何用？过去的武术家能为国家争光，敢于上台迎战来中国挑衅的外国大力士，咱们这一代人，扪心自问,如果再有那一天,还敢上台比试一番吗?我认为,咱们这一代学武人士应该把重点放在下苦功夫上,精心研究拳理,用心练功,把功夫练到身上来,不要光练口头的把式,把精神浪费在争名夺利上。这是我的一点点粗浅见解,有不到之处,还请大家谅解。

总之,太极拳的拳理是集武与道之大成的,是中华武文化、道文化的经典之作。所以咱们这一代习武之人,不论是否武术名家、一代宗师、正宗传人,都要以武修德,这才是最重要的。因为武林界崇尚礼让谦恭,极其重视武德修养,并讲究天下练武是一家,不重虚名而重真功与品行。咱们从太极拳的起源与发展不难看出,太极拳本是一脉相传的,无须去区分什么高低上下,我认为不管哪一氏的太极拳,都要互相学习,取长补短,甚至,还须从别的门派中去吸取营养,您看,过去的武林前辈,哪个不是身具各门武功的!也只有这样,您的武功才能得到提高与进步,不做井底之蛙,才能应付身具各种神奇功法的对手。

古往今来,武林界推崇的是尊师重道,以武养德,以武喻道,所以关于太极拳的传承,不要太看重其传承之脉络,更要观其传承人身上是否有德、是否有道,传承人是否谦恭、礼让、尊师、注重道义,是否身上真有功夫,是否真正理解了太极拳的真义,他身上有这些特征便是"明师",便会深受大家的爱戴与尊重,否则将一无是处,自讨没趣罢了!

第二章　太极拳理与道家思想的理论关系

太极拳，是吸取道家内丹养生之法和道家无极和太极的理论观、阴阳学说、五行学说、八卦演变之法，以及人体内外气机运行之规律而形成的刚柔相济、动静相间，外练内养的优秀武术拳种，是武与道完美结合的产物。故此我们在练太极拳之前，必须先要了解太极拳的拳理与道家思想的相同点是什么，只有了解了它，才能了解太极拳的源头所在，才能知道太极拳为什么叫内家拳。

要说到太极拳理与道家思想的关系，首先需要了解的就是太极的含义。道家讲太极即大恒，"大"指空间，有至广至大之意，也就是无大无小。"恒"指时间，有至常至恒之意，也就是无古无今。当然太极也指一气，前辈们讲"太极即一气，一气即太极。以体言，则为太极，指空间；以用言，则为浑然一气，指阴阳变化。它时阳则阳，时阴则阴，时上则上，时下则下。阳而阴、阴而阳地变化着。他一气活活泼泼，开合自然"。所以在无大无小、无古无今的空间及时间里进行阴阳的转化，就是太极的基本概念，也是太极拳所追求的。太极拳拳理讲"动则生阳，静则生阴，动静变化、阴阳互生"。前辈们讲："人自赋性含生以后，本藏有养生之元气，不仰不俯，不偏不倚，和而不流，至善至极，是为真阳，所谓中和之气是也。其气平时洋溢于四体之中，浸润于百骸之内，无处不有，无时不然，内外一气，流行不息。于是拳之开合动静即根此气而生；放伸收缩之妙，即由此气而出。开者为伸、为动；合者为收、为缩、为静；开者为阳，合者为阴。放伸动者为阳，收缩静者为阴。开合像一气运阴阳，即太极一气也。"这段话已把人体的动静收放与气的阴阳变化的关系说得非常透彻了，这也是太极拳理中对阴阳的诠释。

其实"阴阳"是古代哲学理论中用来说明一切事物内部不同属性之间的相互关系的代名词，阴与阳具有相互依存、相互协调、相互转化的特点。阴中有阳，阳中有阴；阴能生阳，阳能生阴，这是古代的哲学及阴阳观念。

关于太极，道家还讲：无极生太极，太极生两仪，两仪生四象，四象生八卦。这种观念最早出现于《易传》，不过在中国的典籍中，《易》素来被视为穷尽天地之奥秘的典籍，其对成卦过程的分析，也就是对天地开辟的概述。其对卦的解释，就是对各种天地自然现象的描述。太极生两仪，即是在讲太极分化形成天地的过程，两仪即是天地，也就是阴阳。在道家独特的理论体系中，太极的观念始终是其宇宙观、修养理论的基础。道家长期以来在自己的修行实践和理论探索中运用太极的观念，这大大地丰富了太极拳的内涵，形成了以内修为核心的系统学说，其中最重要的，便是《太极图》了。

《太极图》最初由陈抟所传。陈抟是五代至宋初的一位得道高人，是位传奇性的人物，他对内丹术和易学都有很深的造诣。据史书记载，陈抟曾将《先天图》《太极图》以及《河图》《洛书》传给其学生种放，种放分别传给穆修、李溉等人，后来穆修将《太极图》传给儒家周敦颐，周敦颐写了《太极图说》加以解释。现在我们看到的太极图就是周敦颐所传的。《太极图》又称修仙图，最初叫做《无极图》，而叫《太极图》时，虽然和原图的图形一样，但读法不同，两者的图形如下：

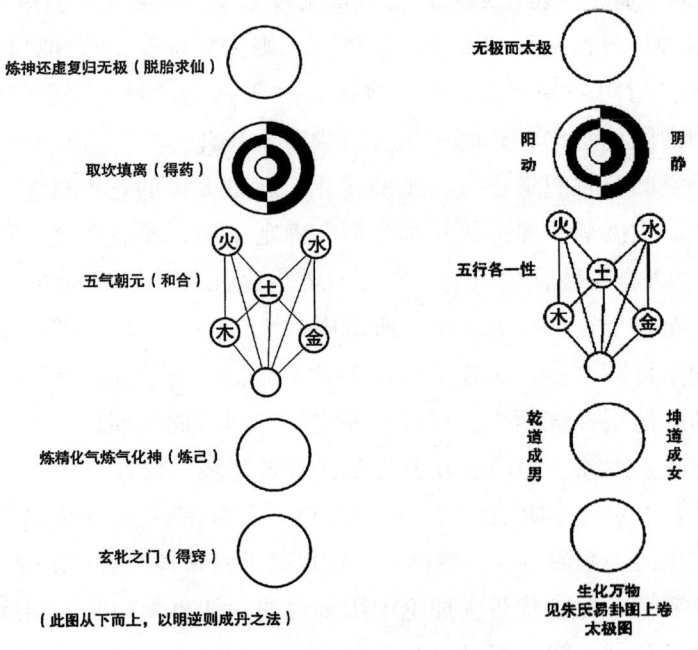

如上面左图，是涵括内丹修炼之理的无极图。读无极图的顺序是从下而上。最下一层称为"玄牝之门"，玄牝是人身之元始真气所藏之地，是一切内丹修炼的根基，道家内丹的修炼都是从这里开始的。在此通过适当的功法，使我们能够控制元始真气从伏藏之地开始运化，打开内修之门，故又称为"得窍"。第二层称为"炼精化气"、"炼气添神"，是运用元始真气，加以升降抽添、循环往复，在体内不断进行合聚、化炼，将分散于人体各处之气回聚为五行之气，故又叫做"炼己"。第三层"五气朝元"，表示将通过炼己而聚合的五行之气归于本元，即将五行之阳、五行之阴皆还于丹田，也就是五行之气合聚为阴阳二气，故又称为"和合"。第四层"取坎填离"，到这一境界，则将伏藏在阴阳二气之阴中的真阳填补到阳中，以形成纯阳，也可以说是以纯阳炼化纯阴而现出本色，无阴而聚阳神，取得了可以回返太虚的基础。在卦象言，这就是将坎卦中的阳爻抽出填入离卦中，这样三爻皆成阳爻，成乾卦，意味着人变成纯阳之体。最上一层圆圈，称"炼神还虚，复归无极"，那便是虚无缥缈、无有极限的神仙境地了。整个炼内丹的过程便告完成，脱出炼成的圣胎，成为仙人，所以叫做脱胎成仙。此图最下一层和最上一层，皆为虚无，当中一段为有，表示从无到有，又返归于无。虚无为万有之根本，故名之为无极图。

而解读太极图，则是从上往下读的。为什么同一图形可以从两个相反的方向来读它呢？原来道家认为，从大道化万物的顺序看，是从太极分阴阳开始的，炼内丹则是逆着来路返回到大道，与道同体，自然长生不死成神仙。所以修炼成仙的方向是相反的，这才有"顺化成人，逆化成仙"之说，两者所沿着的路径其实是同一条。

周敦颐《太极图说》讲："无极而太极。太极动而生阳，动极而静；静而生阴，静极复动。一动一静，互为其根。分阴分阳，两仪立焉。阳变阴合，而生水、火、木、金、土。五气顺布，四时行焉。五行，一阴阳也；阴阳，一太极也；太极，本无极也。五行之生也，各一其性。无极之真，二五之精，妙合而凝，乾道成男，坤道成女。二气交感，化生万物，万物生生而变化无穷焉。惟人也，得其秀而最灵。形既生矣，神发知矣，五性感动而善恶分，万事出矣。圣人定之以中正仁义而主静，立人极焉。故圣人与天地合其德，日月合其明，四时合其序，鬼神合其吉凶。君子修之吉，小人悖之凶。故曰：立天之道，曰阴与阳；立地之道，曰柔与刚；立人之道，曰仁与义。又讲：

原始反终，故知死生之说。大哉易也，斯其至矣！"

周敦颐的《太极图说》，以简洁的语言解释了太极图，前半段相当显明地表述了道家的哲理，基本上符合道家思想。（虽然后半段讲了较多的儒家仁义道德思想，但此思想道家也认同。）

太极图有另一种更加简洁的画法：就是用一个以曲线分隔的圆圈表示，如下图。

图中，一条曲线将一个圆圈分为两半，一半白一半黑，白表示阳，黑表示阴，白中又有一个黑点，黑中又有一个白点，表示阳中有阴，阴中有阳。分开的两半，酷似两条鱼，所以俗称阴阳鱼。此图是旋转着的，表示阴盛则阳，阳盛则阴的理论观。还有一种说法，是说此图表示顺时针旋转成人，逆时针旋转成仙的观念。这幅图，与前面讲到的周敦颐太极图有着密切的关联，可以说是前者的更加简明的表述。此图深刻而又形象地说明了世界上的一切都是由阴阳这两种对立的形势相互联结而形成的统一体。这一图，过其圆心作任何一条直线将之分成两半，任何一半中都包含阴阳两个因素。有时人们又在图外配以先天六十四卦，表示太极是一切运动的发动者。

这里不难看出，道家的修炼，不是单纯的心灵净化，而是精神和自然世界的互动，这一点完全不同于其他修行理论。而道家的修炼是通过几千年验证过的，而且前人的一些验证方法，还能使其理论在实践中不会转变为荒诞的虚说，故此它才能延续至今。

很多人可能还不了解，其实武术的内功养成与道家的内炼是一致的。这里我们借用武术修炼的两个重要阶段，"内气外发"和"真气内收"来通讲一下。练武就是调节体内阴阳，平衡五脏，化生精、气、神，使精盛、气旺、神足。而追溯道的本源，正是先天的"神"和"气"。先天的神源于人未生以前，也就是道家所说的虚极恍惚之时。如果在练静功中，达到其心恍惚在漫无边际的虚空而忘却了自己的存在时，就会达到方才所说的恍惚混沌的心境。进入此境界，会忽然真机发动，这便是先天之气，也就是元气发动了。这个过程很重要，只有发动真机，才能谈及后来的以气打人，乃至第二阶段的养生增寿。

您看，在武术浑元论中讲："浑元一气吾道成，道成莫外吾真形，真形内藏真精神，真精内藏气擎停，欲将形形求真形，须将真形合形形，真形合来有真诀，合到真形彻底灵。"武术追求的就是这个"浑元一气"，有了"浑元一气"，才能去"合真形"。我们平时练拳所讲的外三合、内三合，就是要以外在的动作——手与足合、肘与膝合、肩与胯合——来带动内在的心与意合，意与气合，气与力合，使其内部协调合整，能量聚集。在心念一动的情况下，上、中、下丹田一气贯通，所以只有这内三合协调统一时，才能意到则气到，气到则劲到，才能做到只要心念一动，全体俱动；才能达到气随意发，气随意使，才能一气贯穿地将内在的能量瞬间外发到四肢，这个由内到外所形成的雷霆之力就是内家拳所称的"内力外发"的阶段。这个阶段是伴着练武的同时，自然就发生了"炼精化气"的能量转化，在身力合整，先天一气的带动下自然就气随意发了，这不需要刻意去追求。

当您达到"内力外发"的这个阶段时，如把精神全部关注在内力外发打人上，而不知转换此气进行内部的调养，则会造成不好的结果。一是长期的真机发动，内气外泄，内脏不得调养所造成的折寿。二是会迷失本心。因为练到此时，习练者已能感觉到功力的存在，很容易自大，这会对自己造成伤害，这种伤害有两个方面：一是因自大与别人盲目比手，使身体受到伤害。二是精神方面很容易得癫狂症、失心疯，严重时逢人便打，会变成名副其实的武疯子，最终的结果是被送入精神病院。

因此，这时只有道家的"静心修内"才能防止偏差，才能放下自我。真气内收的阶段是武术的第二个阶段。它需要人明白神藏内敛的含义。明了这个道理的武道中人往往表现为不露锋芒，神藏内敛，表面不尚机智。这与庄子所讲的"斗鸡"是一样的。

要练到神光内敛，这样才能达到"不战则矣，一战则神色俱可伤人"的地步。这个阶段如好好把握，使真气得以内收，达到养内的效果，久之则内气凝聚便可添神了。长此以往，真气在这两个阶段不断的内收与外发的转化中变化着，您的功力也在不断地变强，最终将成就一个练武人的梦想。

　　武术的内功与道家的内炼不仅过程一致，甚至就连很多专业用词都是一致的。比如内家拳常说的丹田，原本就借鉴于道家内丹术的术语。道家所指的金丹、神丹、大丹等词中的"丹"，不是物质，而是看不见摸不着的能量。而"田"则是道家内修术中炼化金丹、神丹、大丹的场所，故称之为"田"。道家把两眉之间横通间脑的部位称为上丹田，两乳之间横通肺与心脏的部位称为中丹田，下丹田在脐内一寸三分是也，是藏精之所，采药之处。（元精藏于我们的下丹田，元气藏于我们的中丹田，元神藏于我们的上丹田）。而拳经云："丹田者，阳元之本，气力之府也。"您看，是不是一个道理？

　　太极前辈讲"太极拳用后天之形，而不用后天之力，一动一静，纯任自然，不尚血气，意在炼精化气。本着一理、二气、三才、四象、五行、六合、七星、八卦、九宫等奥义，始于一，终于九，九又还于一之数也。一理者，即太极拳起点腹内中和之气，太极是也。二气者，身体一动一静之式，两仪是也。三才者，头手足，即上中下也。四象者，即前进、后退、左顾、右盼也。五行者，即进、退、顾、盼、定。六合者，即心与意合、意与气合、气与力合，是内三合也；肩与胯合、肘与膝合、手与足合，是外三合也，内外如一，是成为六合。七星者，头、肩、手、肘、胯、膝、足共七拳，是七星也。八卦者，掤、捋、挤、按、采、挒、肘、靠，即八卦也。九宫者，以八手加中定，则是九宫。"

　　通过上述描述得知，太极拳是以河图洛书为之经，以八卦九宫为之纬，又以五行为之体，以七星八卦为之用，所创的太极拳术。因此修炼太极拳的最终目的就是"太极一气"，即"混元太一"的状态。太极拳之所以得名"太极"，其根源就在于此了。

　　所以太极拳是古代道家养生观念的产物，虽然不是道家的专利，但也被修道中人一直继承、发展和传播着。因为道家与太极拳有着不可分割的"血缘"关系，所以人们一提及太极拳，就会联想到道家，它的动功"炼精化气"之理及静功"炼气添神"之道，不就是道家内修学说的翻版吗？所以我们说太极拳是道家文化的形象体现，也算是一个客观的总结吧。

第三章　道家精气神观念与武学的关联

现在大多数的习武者都知道精、气、神是须臾不可离的东西，也知道有之则生，无之则死，但真正知道珍惜的仍是极少数人，能知道珍惜而又懂得如何修炼者，更是凤毛麟角了。道家的精、气、神观念是道家解读生命秘密的最主要的概念之一，它与武学修养有着紧密的联系，解读精、气、神，了解我们生命的先天之气、后天之精，对我们人生的健康是有帮助的，对于一个太极拳习练者来说，更是大有益处。

道家的精、气、神修炼，追求的是成仙得道，而武术追求的是自身具有强大的内力。我认为习武者只有将练身与修炼精神相结合，才能称为"修炼精、气、神"，这个"修炼"应是全方位的，是身心一体的"修为"。这本书用八段锦和无极桩功来向大家介绍如何修炼精神，即道家讲的"炼气添神"的过程，用太极拳等动功来向读者介绍身体的养练方法，即道家讲的"练精化气"的过程，如大家按书中所说去练习，便可得到一身的内力，如再进一步的升华，便能由武入道，走上人生更高境界。

道家认为精、气、神是生命中不可缺少的要素，认为人是依靠这三者而生存的。他们以蓄精、养神为根本。精、气、神分先天和后天，我们通常所说的"精、气、神"指的是后天的"精、气、神"；而先天的精、气、神道家则称之为元精、元气、元神。道家讲"先天的精、气、神是道之体，后天的精、气、神为道之用"。人未生时，先天的元精、元气、元神用在体中，是一种"三元合一"的状态，孕育着强大的生机，不过，此种生机将会随着后天的种种行为而耗散掉。

道家经常讲到"元神"，元神是指人先天之性。先天神称为元神，它藏于上丹田。后天神是指思虑之神、情欲之神及散动之神，故称为欲神，亦称识神，它藏于心中。前辈讲："夫神者，有元神焉、有欲神焉；元神者，乃先天以来一点灵光是也，欲神者，气之。"元神者无私无虑，自然虚灵，欲神者有思有虑，灵而不虚。古人在这里把元神（先天）和识神（后天）的区别说得很清楚了，而修心神是指后天之神（识神）返归先天之神（元神），即常用先天一点灵光来感应事物，不用识神来处理问题。

古圣先贤们从更广阔的视角来看待生命，认为一个人的生命有道则生，无道则死。他们认为，道存在于开天辟地之前，为万法之源，是一切物质的本源和主宰，最初的元气是由道化生出来的，元气存于自然运化之中，而人的生命若是没有先天元气是绝不可能化生和存活的。鉴于先天元气如此重要，所以对于修行者及太极拳习练者而言，练的就是"返本归元"，即由后天的耗散状态复归于先天的团聚状态，以后天复先天，使先天的元气壮大，这样才能得功、得道。

要以"后天复先天"，这其中所涉及的"后天之精"就是至关重要的起手之钥了，我们说后天之精来源于五谷，而生殖之精又是五谷之精的精华。如果我们能够长久地加以修炼，就能添补先天的元精。这就如同往油灯里添加灯油一样，以此来恢复我们生命中的生机。不过这个修炼是要靠运动及习武的各种方法所形成的内养来体现的。

然而看看现在的人，在生活中通常是不爱运动，长期处于精气耗散的状态，如果这些人想弥补先天的损耗，就必须依托道学和武学的修炼了。因为人不爱运动时精气相互作用就小，人体就会处于缺"气"的状态，今人常气虚就源于精过于多，而气化的慢的缘故上。依托道学大家可以理解，为什么非要说依托武学的修炼呢？其他的体育锻炼不行吗？您看，其他的体育锻炼如跑步、打球、爬山、游泳等，锻炼完后会觉得浑身像没有了力气一样，不马上休息休息体力是缓不过来的，这是因为这种锻炼方式会使身体的气力过多的耗散掉，而内家拳，当您锻炼完后会觉得浑身充满了力量，这是因为这种锻炼能团聚气力而形成内养，这就是武术内家拳锻炼与其他体育锻炼的区别。

有人还要问：难道我不锻炼身体就没有练精化气这个过程了吗？其实，"精化气、气添神"这个过程是不需要练什么特别功法才能转换的，只要是一个健康的活体，自身体能本来就是这么转化的，人本是以这种自然转化来维持自身的生存机能的，不过，因为长时期的好吃懒动，身体里堆积了大量的没有气化了的"精"，（这个精来源于我们吃的东西）及其他废物，中医管这叫痰湿淤积,由此身体开始走入亚健康,甚至提前夭折,这都是不爱运动的结果。"锻炼"能帮助我们清除体内的垃圾,使身体没有多余的废物淤积。锻炼还能加大炼精化气的过程,从而得到更多的能量,久之人体自然就蓄积了巨大的体能。这就是一个练武者的力气总会超过常人的缘故。而且习武者不光是力气比不锻炼的人大,寿命也要比不锻炼的人长。

谈到"生殖之精"更是后天修炼不可缺失的宝物。道教的修道及武术的得功,其实全凭着"生殖之精",所以道教称赞它,说它是修身立命的至宝。并讲:"精养灵根气养神,养功养道见天真。丹田养就长命宝,万两黄金不与人。"《黄帝内经》讲,"夫精者,身之本也"、"气者,人之根本也"。人若精气枯竭,便离死亡不远了。古人认为后天的精是人生命的中枢,若是节制得法,不使它妄动,那么它便成了精力之源。若人精气衰败,就必须补其精气。这种补精气的方法,古时称为返老还童法。仙师钟离权曾说:"晚年之修持,先论救护。"这就是说,晚年的修持,便是从"补精气"出发。只要我们能够把握住自己的生活方式,知道爱精、节欲,不要纵情妄为,就能活得长久。这是因为人的元气就像一盏油灯中的油,而生命活动就像灯火的光辉,如果平时不注意节养,就好像油灯用大灯芯,油很快就会耗尽,寿命就会短暂;若能注意节养,就好像用小灯芯,油消耗得慢,灯熄得也慢,这其中节养的要领全在于如何避免对精气的过度损伤上。

这里,贫道就要不避讳地聊一聊,与保养精气关联最大的"性"这件事情来。古人性养生的重大意义就在于协调人体的阴阳平衡。阴阳平衡得好,衰老就能延缓,寿命就会延长。实践证明,家庭幸福,夫妻恩爱的人,寿命多偏长;反之,家庭不幸,夫妻不和的,少有长寿者,足见性养生的重要性。不过,自古房事如水火,能生人也能杀人。所以古人讲:"房事者,阴阳调和之道,不当禁,当禁者,淫欲也,凡淫者,无度也,乏身劳精,抽髓费血。"故此纵欲的危害是极大的。

我劝大家房事不要太勤,要有度,不要因纵欲危害了身体健康。如果人的生殖之精过多的遗漏,就会损伤到自身的元气,就会感到身体疲乏、无力,出现类似失血过多的感觉。古人基于这样的感受,提出了"一滴精相当于六十滴血"的观念,这是以血来比喻精,失精就如同失血,虽然有点危言耸听,但并不为过。这样表达,会使人们对自己的性行为更加的谨慎。习武者通过实践还证明了性生活如果过度频繁,可直接影响到练功,不光是练拳没有劲,而且还很难练出功夫来。所以武林界的人士则以欲不可早、欲不可绝、欲不可纵、欲不可强、欲有所忌和欲有所避为自身的修养原则。

关于以后天精、气、神补先天之元气，道教吕洞宾祖师曾在《金丹心法》中这样提到过："培后补先是固精、养气、凝神，体用兼全。三才各得后还精于生精之所，还气于生气之所，还神于生神之所，以后天至足补先天不足。"吕洞宾先师所说的"三才各得"是指精、气、神得到了完善的运化，达到了还精、还气、还神的最佳生命状态，从而达到后天补先天的不足，故此，积精以养命，练精以安神，才是修行的重点，才是修道者及习武者们的基石。

从上述这些论述大家不难看出，古人的精、气、神理念对于现代的习武者来说是多么的重要，所以您要想把太极拳练好，首先就要注重保养精、气、神，否则不光是拳难以练好，性命因此还会缩短，望习练太极拳者珍重、珍重啊！

第四章 道家周天功法

本章对习练太极拳者来说是至关重要的，因为内家拳是离不开静功内炼之术的，如果不懂得周天功法便去练习内炼之术，那将是一件很愚蠢的事。修行过的人都知道，静功内炼是离不开炼气添神这一过程的，目的是滋养并壮大自身的元神。可是，这一过程很容易出现偏差，最易走火入魔。如果懂得周天功法，习武者不光能强身健体，还能练出神色俱可伤人的功力来。

《黄帝内经》曾明确指出："得神者昌，失神者亡；精神内伤，身必败之。"所以"神"对于生命的作用是不容忽视的。中医学认为，神是生命活动的主宰，它统御"精"、"气"，是生命存亡的根本和关键。在生命过程中，神易于动而难于静，这就造成了神因不得内守而致耗的病端，故此，历代养生家主张以"静"来养神。《素问·痹论》亦有同样认识，"静则神藏，躁则消亡"，说明身心的清静有助于神气的潜藏内守，而身心的躁动则会导致神气的外弛甚至消亡。因此修习静功者如练八段锦及十三太保功时，先需守静以制动，后存神以安心，再虚心以炼神互相为用，这样才能养神、炼神。祖父曾讲："目对鼻，鼻对脐，处处行事不可移，澈开二六连环锁，一点灵光吊在眉。"又讲："神仙以'归'法度人，必先教之返本，返本者何？以其散之于耳目口鼻四肢百骸者，而复返之肉团之心，谓之涵养本源，又将以肉团心之所涵养者，复返于天地之间谓之安神祖窍，又将以天地间之所翕聚者而复返于真人呼吸处谓之蛰藏气穴，是内呼吸。"所以养神、炼神的方法是离不开周天功法的。"周天功法"又称内丹术，此法可延命护生，为道教信众的必修法门。内丹术从仙师钟离权、吕洞宾传授内丹学以来，道教各派都对周天功进行了大量的研究，其中以北派王重阳和南派张紫阳的成就最大，直至近代内丹术也一直是道教弟子修炼的主要科目。

"周天"这个概念来自古代的天文学，它展现了中国传统的天人合一、天人相应的理念。古代的天文学认为天体是个大宇宙，人体是个小宇宙。而且人这个小宇宙是能与天地相互呼应的。早在《礼记·月令》孔颖达疏记载"周天"这个概念时就写道："凡二十八宿及诸星，皆循天右行，一日一夜为一周天。"唐代《大丹问答》中表述道："运火一昼夜，象一周天。四时生成，阴阳合度，自然之道。"古人总结天体是个大圆环，圆环的中间有个带子，称为黄道带，将天体划分成365份。包括28星宿在内的许多恒星都是沿黄道带排列的。北斗七星的斗把沿着圆环转一圈，就是一个周天。古代的养生家通过对人体的研究发现，人身上有365个穴位，与周天的365度之数相吻合，故把人体也视作一个周天系统，"周天"一词便由此而来。同时，人们还发现天有日月，人有两眼；天有金、木、水、火、土五星，人有心、肝、脾、肺、肾五脏；天分四季，人有四肢；天有十二月，人有十二经；天圆地方，而人头圆脚方，因此，古时的修炼者们依人体应天体的原理来对应人身，并将天地的规律引入修炼理论中来。

大家普遍认为，气血沿着人体的任督二脉走一圈就是一个周天，其实不然。古人的这个周天是专指人体的生物节律而言，而古人内修功法里的"一周天"，指的是肾中真阳之气沿着人体的任督二脉走一圈，并非简单的气血运转一周。前辈习练者是待肾中真阳之气发动，由任脉转向督脉后，自会感觉到后腰有股暖流向上升腾，此时最为关键，必须静心专注，用意念扶持这股真气沿督脉上达于脑，然后再导引这股真气下行于下丹田，如此才能算周天练习完毕。我祖父曾特别指出，当真阳之气上行之时，必须多加小心，如不能把它导引下来的话，则会出大乱子，无医家可救。其实静功内炼之术是把双刃剑，若修成则得功、得道，若不成则会败得很惨。所以，习练太极拳里的静功，若没有明师在旁认真指导则是一件非常可怕的事情，因为在静功里处处藏着玄机，倘若一步走错，将会悔恨终生。

为了能让大家更明白，我就先来说说"气血"以及任督二脉。气血是人体脏腑、经络生理的物质基础。其中，"气"是具有很强活力的精微物质，具有生命物质和生理功能双重属性。"气"作为生命的能量和循环的动力，在循环过程中处于主导地位。在医学中，"气"的概念只有中医学才有，西医学并无"气"的概念，但西医学的功能概念与中医学"气"的概念有相近之处。中医学"血"的概念与西医学"血"的概念也不完全等同，中医认为，血液循环与血管功能均属"气"的范畴，并且它们之间是密切相关的。关于气血的运行，古人认为"心主血脉"，"气为血帅"，"气行血行"，并认为气血的运行主要依赖于心气的推动。心气不足，气血运行则无力可致瘀，这与现代医学的血流动力学及微循环概念有共同之处。人在运动时，心脏就会加快跳动次数，气血在血管里也会快速流动，以此来提供身体的能量。而且人在运动时，还有减轻心脏负担的作用。

再来说一下"任督二脉"。任督二脉属于"奇经八脉"，"奇经八脉"是任脉、督脉、冲脉、带脉、阴跷脉、阳跷脉、阴维脉、阳维脉的总称。它们与十二正经不同，既不直属脏腑，又无表里配合关系，其循行别道奇行，故称奇经。任脉，起于小腹内胞宫，下出会阴部，经阴阜，沿腹部正中线向上经过关元等穴，到达咽喉部（天突穴），再上行到达下唇内，环绕口唇，交会于督脉之龈交穴，再分别通过鼻翼两旁，上至眼眶下（承泣穴），交于足阳明经，经过24个重要穴位。任脉行于腹面正中线，其脉多次与手足三阴及阴维脉交会，能总任一身之阴经，故称为"阴脉之海"。任脉起于胞中，与女子妊娠有关，故有"任主胞胎"之说。督脉，起于小腹内胞宫，下出会阴部，向后行于腰背正中至尾骶部的长强穴，沿脊柱上行，经项后部至风府穴，进入脑内，沿头部正中线，上行至巅顶百会穴，经前额下行鼻柱至鼻尖的素髎穴，过人中，至上齿正中的龈交穴，经过28个重要穴位。督脉行于背部正中，其脉多次与手足三阳经及阳维脉交会，能总督一身之阳经，故称为"阳脉之海"。督脉行于脊里，上行入脑，并从脊里分出属肾，它与脑、脊髓、肾又有密切联系。大家要明白一点，经络与血管在人体的作用是有区别的，虽然经络里有些是血管，但运动可使气血在血管里快速流动，而不会在经络里快速流动。而且任督二脉本身是通畅的，一个正常的人体，"气"在不受任何干扰的情况下，自会沿任督二脉所统领的经络正常地运转，如果运转停止，就说明生命已经终结了，所以就任、督二脉而言，本身就没有打通这么一说。

古人的周天有两个概念，其一，专指人体的生物节律而言；其二，指古人内炼导引之术"周天功法"。先讲人体的生物节律。虽然这种"气"能自行周天运转，但也要注意它的运转强弱，不能使它的运行有太过或不及之弊，最好让它严格地依着天体周天的限制法度来自行运转。这种法度是一周天共有二十八个星宿绕地球一周，若以每一个星宿间有三十六个小刻度计算，配合人体经络之气，昼夜运行人体一周，三十六乘二十八共一千零八个小刻度。在一昼夜中若以太阳为指针运行二十八宿个大刻度，人体经络的分上下、前后、左右共运行二十八条经络（昼，左侧十二经络加督任二脉，夜，右侧十二经络加督任二脉），营气在全身经络中运行一周共长度为十六丈二尺，对应二十八宿个刻度，配合用铜漏滴水壶（古代计时器）一百个刻度一周为标准，来划分昼夜计算时间。因为人一呼气，脉搏跳动两次，经络之气运行三寸，一吸气同样脉搏跳动两次，这样一个呼吸，经络之气共运行六寸，十个呼吸，经络之气共运行六尺，（以二十七个呼吸计算，经络之气运行共有一丈六尺二寸长），太阳指针运行二分（小刻度）。如果以二百七十个呼吸计算，每个呼吸六寸，经络之气运行共有十六丈二尺长，在这个时间段内，经络之气流通运行于经脉之中，共运行一周身二十八条经络的长度。铜漏滴水壶的水漏下两个刻度，太阳指针运行二十分（小刻度）有余。如果以五百四十个呼吸计算，经络之气运行全身两周，铜漏滴水壶的水漏下四个刻度，太阳指针运行四十分（小刻度）。如果有两千七百个呼吸，经络之气运行全身十周，铜漏滴水壶的水漏下二十个刻度，太阳指针则运行五个星宿（大刻度）零二十分（小刻度）。如果有一万三千五百个呼吸，经络之营气则运行全身五十周整，铜漏滴水壶的水漏下一百个刻度，太阳指针运行整二十八宿（大刻度），铜漏滴水壶的水刚好漏尽。营气流通运行，是指经络之营气运行人体循环配合太阳运行周天的刻度计算数，所以人如果能保持昼夜五十周营气运行通畅的话，就可以健康，并享尽天年，经络之营气运行人体五十周总的长度，共八百一十丈。

　　人体的阴阳升降要与天运之环转相适应，万物之外，六合之内，天地间的变化，阴阳四时的变化与人是相应的。如春天的气候温暖，发展为夏天的气候暑热，秋天得劲急之气，发展为冬天的寒杀之气，这种四时气候的变化，人体的脉象也随着变化而升降浮沉。春脉如规之象，夏脉如矩之象，秋脉如称衡之象，冬脉如称权之象。四时阴阳的情况也是这样，冬至到立春的四十五天，阳气渐升，阴气渐降；夏至到立秋的四十五天，阴气微升，阳气微降。四时阴阳的升降是有一定的时间和规律的，人体脉象的变化，亦与之相应，脉象变化与四时阴阳不相适应，即是病态，根据脉象的异常变化就可以知道病属何脏，再根据脏气的盛衰和四时衰旺的时期，就可以判断出疾病和死亡的时间。遵循四时阴阳的变化规律不使有失，则人体就能保持相对平衡，并与天地之阴阳相互统一；知道了天人统一的道理，就可以预决死生。上述理论来源于医家。

医家还认为如果一个人的脉气太过或不及，均为生病之兆。比如他一呼一吸时脉动各一次，在达到二百七十定息时，真气环身一周仅八丈一尺，这就是气血少之兆；如果一呼一吸时脉动各三次，在达到二百七十定息时，气血环身一周可达二十四丈三尺，则为气血躁之兆。如一呼一吸脉动各四次，叫脱精。四次以上或脉绝不至，或乍数乍疏，那就生命危险了。故此，一些江湖大师所教的打通任督二脉的运气行功之道，说什么在打通任督二脉之后一运气，真气就会延着自身经络快速的运转，从而产生巨大的能量。这是违背医家之理的，是根本不可能的事。

现在来看看，古人记载的习练者在练功时，肾中元阳真气运行"一周天"的过程："……吸提撮闭，鼻引清气，以接先天也；舌抵上腭，以迎甘露也；紧撮谷道，使过尾闾也；怒目上视，使气入泥丸。又闭者，塞兑垂帘，缓缓运气下行。久而神水落黄庭，舍吸提不能行气而过关，舍撮闭不能采药而归炉。一吸便提气，气归脐；一提便咽，水火相见；四字相连，一齐俱到。行提运功，自尾闾穴贯上夹脊，透至双关，撞过玉枕，上入泥丸，下入气海。此之谓一周天也。"

这里所说的"迎甘露"、"入泥丸"、"采药归炉"、"水火相见"等也许有些费解，但不必着急，可先了解一下道家的人体内丹修炼概念。丘处机祖师曰："盖人与天地禀受一同，始因父母二气交感，混合成珠，内藏一点元阳真气，外包精血，与母命蒂相连。母受胎之后，自觉有物，一呼一吸。皆到彼处，与所受胎元之气相通。先生两肾，其余脏腑。次第相生，至十月胎圆气足。未生之前，在母腹中，双手掩其面，七窍未通，受母气滋养，混混沌沌，纯一不杂，是为先天之气。才至气满、神具、精足，脐内不纳母之气血，与母命蒂相离。神奇向上，头转向下降生。一出母腹，双手自开，其气散于七窍，呼吸从口鼻出入，是为后天也。脐内一寸三分所存元阳真气，更曾不相亲。迷忘本来面目，逐时耗散，以致病夭。脐在人身之中，名曰中宫、命府、混沌、神室、黄庭、丹田、神气穴、归根窍、复命关、鸿蒙窍、生门、太乙神炉、本来面目异名甚多。此处包藏精髓，贯通百脉，滋养一身，净裸裸，赤洒洒，无可把盖。常人不能亲者，被七情六欲所牵，迷忘本来去处。呼吸之气止到气海往来（气海在上膈肺腑），既不曾得到中宫、命府、与元气、真气相接，金木相间隔，如何得龙虎交媾、化生纯粹？又不知运动之机。如何是气液流转，以炼神形？……"这就是"先天之气"在后天的环境中，不断耗损而缺乏弥补的情形。出生为人后，与真阳之气杜绝相亲，呼吸之气止到气海往来，这样下去怎么行呢？所以需要采补，采补就要行周天功法进行内丹修炼了。古人将人体比作丹炉，这里就涉及一个周天火候的问题。一般说来，周天里的火候指的是呼吸。

周天功法里的火候包含了动、静两种不同的习练方法，《修道全指》中说："盖武火者，即呼吸之气急重吹逼，采取烹炼也；而文火者，即呼吸之气，沐浴温养也。"以此说来，过去古人所称的"武火"其实就是指练武时的气息，而"急重吹逼"应是形容人在剧烈运动时的呼吸之气。同理，"文火"是指静功，"微轻导引"说的也就是周天功法等打坐内修时的气息状态。据祖父讲："仙炼之则为内丹，武炼之则为外丹，而内丹没有不借助外丹而练成的。"又讲："盖动静互根，温养有法，自有结胎还原之妙。"可见武功的武火才是仙功的基础。

那么这个火候需要多少呢？道家的说法不一，总之是需要文、武两种火候。有的强调"每日下火一两"，但多少是"一两火"则无法准确定论。不过这样反而好，因为我们真正讲求的是"天然真火候"。正如古人所讲，"不自然，则天地自还天地，万物各归万物。若欲强之使合，终不能合。"故此，金丹火候，全要行归自然。这里的自然是指在练功中要顺其自然不要强求，正如我祖父讲的练武要懂四时行功加减论一样，因为练武必须要懂春、夏、秋、冬四季的变化，要根据自身的身体状况及季节的变化来调整自身的运动量，使其不因不懂四时加减而伤身，这正与丹道中说的火候理论是一致的。

再讲道教内丹修炼中所说的炼丹。"……抽添之火五两，炼精成汞；十两，炼汞成砂；十五两，炼砂成丹。三百日火候不差，自然丹就，纯阳气生。"这里的"汞"、"砂"、"丹"都是从炼外丹的过程中借喻过来的术语，用以比喻内炼的过程及状态。对于不了解内丹术的人而言，这些术语就像天书一般，所以需要有师父教才行。

古人讲："在气没有归炉前，徒然运动于体中，不但没有功效，反亦受其害。而当神入于丹田之气中，在特殊的时机下，气的主要产物便生出来了，这就是药。""药"又称肾中真阳之气，此气如在我们的炉中只用意守是绝不会发生神奇妙用的，所以还必须使它通过体中的任督二脉循环，才能有填补之功。

七悟祖师说"以升降为采取"。这就是秘诀。采"药"的方法，是使之循环于身体之中，从督脉上升到泥丸（泥丸即是间脑部分），再从任脉降到下丹田。因任脉是暗脉，又称阴脉，真阳之气不能自行升降，必须借着呼吸之气，吹元关（即丹田）然后可以运行。所以乾呼返吸至于坤，坤吸返呼至于乾，乾坤者乃坎离之体，内呼吸者乃坎离之用，人若能明内呼吸，则橐籥自鼓，而乾坤自运了。乾坤是天地，泥丸是天极，下丹田是地极，呼吸通于天地之极。真阳之气在于丹田之中，由任督二脉统领，然后升降于天地之间，这就是乾坤、元关合二为一的作用，即道家张紫阳所说的"一孔元关窍，天地共和成"的境界。

古人讲："真阳之气发动时，胁腹凝息，数定铢两。默运心气，下至丹田。鼻息绵绵若存，用之不勤，但以长意在中宫。在这里意是神子，神是气母。'神'驭'气'从尾闾穴入，依次冲过尾闾、夹脊、玉枕三关，直上辘轳穴天关（在脑后），之后过鹊桥下十二重楼复归丹田，正好一周。"古人运转周天的方法大致就是如此。

常有练习者提出一个问题，就是如何"转河车"？其实将真阳之气从任脉转督脉的过程，就是道家所说的"转河车"。隋唐以来，道门主要从内丹学的角度来解读河车的意义。根据《钟吕传道集》等书的阐述，河车主要有两个方面的含义：第一，指两肾所蕴藏的真阳之气。因为两肾一左一右，好像日月周转，又好像两个轮子的配合运动，所以才有河车之名。为什么把肾脏称作水府呢？这是因为肾脏在五行属性方面以水为表征。为什么河车与北方相联系呢？因为从方位学的角度看，五行之水与北方相配合，所以《周易参同契》将北方与河车连称。第二，河车还指真阳之气的运行，这真阳之气运转周流，往来无穷，如车载物，所以叫河车。

还有人认为"河车"一词来源于星象，古人卧看牵牛织女星，看到一条天河，由南到北，位置偏向西北。银河的西北方，就是北斗七星，牛郎织女隔一条天河相望。北方为"天一生水"，天河之水由这个地方开始。河车是指这个天河。"五金之主，北方河车"靠"天一生水"来的。在人体中，"天河"指的是督脉，上下各具专能：下河车搬运为使任脉下行，心肾相交；上河车搬运促使督脉上升，还精补脑。内丹前辈讲："河车者，取意于人身之内，万阴之中，有一点元阳上升，熏蒸其胞络，上生元气。自肾气传肝气，肝气传心气；心气传脾气，脾气传肺气，肺气传肾气。而曰小河车也；肘后飞金晶，自尾闾穴起，从下关过中关，中关过上关，自上丹田至中丹田，中丹田至下丹田，而曰大河车也；纯阴下降，真水自来，纯阳上升，真火自起，一升一沉，相见于十二楼前，颗颗还丹而出金光万道，则曰紫河车也。故车行于河如气在血络之中，气中暗藏真水，如车载物，所谓河车者详矣。"

有人不知养肾阳真气，盲目急于用意念将气血沿督脉向头部导引，这种练法百害而无一利。周天功法所谓以"神"驭"气"，说的是待肾中真阳之气发动时，再行周天功法；如果真阳之气未发动，盲目地向上导引，则导引的不是真阳之气而是气血，设想一下，长期的气血瘀积头部会有啥后果？平时我们用意念练周天则主要练的是任脉，练的是如何把真阳之气向下导引，而不是向上。督脉本身就是阳脉，是看得见摸得着的，西医称它为动脉血管，所以它不需借助任何意念，气血自身就是向上运行以供脑部营养的，如再加意念导引气血，会很容易练出高血压、脑溢血等病来，这是源于心到则气到，气到则血到的原理。

道书有句话叫："日月合璧，璇玑停轮"。怎么理解呢？先说"璇玑停轮"，"璇玑"两个字本意是指黄道及赤道。通常天道日月由黄赤二道循环而行，借以天人相应，丹道神气之循环由任督二脉运行，这种运行叫体内的璇玑，道家隐谐音作"玄机"。天体跟地球永远在转，"璇玑"是天体转动，是北方的北斗七星带动银河系统在转。对应人体的"河车"，是气脉不停地运转。那么当"璇玑停轮"时，描述的就是结丹之后，气脉贯穿，真气充盈，达到脉停息住的功景了。而"日月合璧"说的是太阳刚刚从东方上来，西方月亮还没有沉下去，日月两个对面，这种现象据说好多年才有一次。道家最高的境界就是"日月合璧"、"璇玑停轮"。内丹前辈们描述这个过程说，真气充满了以后身体没有感觉了，真正忘掉了身体，这时是人的真炁充满到极点，就像婴儿要出生的状态，新生命要开始了。如同凤凰涅槃而重生一般，可见此中玄机有多大。

最后，我们再来说说"活子时"这个概念，因为它和周天功法中的生"药"有密切关系。"活子时"是一个特殊时刻，是人体精气正旺之时出现的情况，是指一种生理状态，是男女在没有性欲的情况下，生殖器官发生的自然生理反应，即男子生殖器勃起、女子乳房胀满等反应。这种生理反应就是老子所说的婴儿"不知牝牡之合而朘作，精之至也"的状态。老子深入浅出地用一个初生男婴来打比方，男婴是绝对没有男女性意识的，生殖器却会勃起，那便表示生命本有精气的凝聚，阳精之气即肾中真阳之气正旺，我们把这个时候的生理状态称为"活子时"。道家认为"活子时"即是产药之时，此时若不采其药，那么修行便成空了，这里讲的药才是丹家修道所要的宝贝。

此外，在道家内丹修炼的"精气内收"阶段，女子修炼必须要经"斩赤龙"这一关。很多人居然将"斩赤龙"理解为闭经，这是很荒谬的，斩赤龙的本意是女子有精，通过内炼将精气内收而无有经期的现象。如果女子因为年龄太大，真的绝经了，还必须通过养炼及药物调理让其有经，否则内丹无法修成。女子修炼内丹时，一定要分清自己是真的斩赤龙了，还是自己因身体病症的原因导致的闭经。

总之，丹道周天是道家内丹术的修炼内容，其修炼的核心是离不开精、气、神理论的，丹道周天将肾中真阳之气作为内药，其修炼目的不仅是保证全身经络畅通，气血常盈，还是为了培育自身真种，养育体内新生的高级生命体（元神），使其脱胎而出，最终还于太虚。这是道家周天功的目标，故此道家周天功才有能育真种之说。

目前科学界正在探讨"人并无死亡这回事，只是肉体的死亡而已。他们相信人的精神存在于身体所包含的能量之中，一旦身体停止了'生物中心主义'的过程，精神就会被释放出来。"过去我们相信会死亡，是因为我们一直以来都是这么被教导的。但事实上，死亡可能只是一个错觉。科学家的理论基本上阐述了爱因斯坦的一句名言："能量不能被创造或毁灭，它只能从一种形式变成另一种形式。"因此，当我们的身体死亡时，我们的意识的能量可以在量子层面上继续存在。该理论认为，因为有无数的宇宙，所以一切都可能发生在不同宇宙中。结果，意识继续存在于平行宇宙中。最后，有些科学家指出，我们看到的一切只是在我们意识中的信息，它们被存储于最终会死亡的身体中。在无尽时间和无尽空间的世界中，意识不会死亡，而是继续存在于无限平行宇宙中的某一个，科学家研究的这个"精神"在道家就叫"元神"。

不过，大家要明白道家的这个修行功法是全方位的，是一个人一生的修炼法则，里面包含了诸多内容，如心性的磨炼、德行的培养等等。您看过《西游记》吗？其实《西游记》就是一部描写炼内丹的书，他是以唐王李世民修炼内丹为背景，五个取经人分别代表了李世民的心、肝、脾、肺、肾，并通过九九八十一难来说明丹道修炼的关键所在，以及修炼此术是多么不容易的一件事。关于这个大家看看《李安刚批评西游记》或清人写的《西游真诠》便知道《西游记》的本意了。其实静功炼气之法自古就不是轻传的，这是因为师父怕习练者走火入魔而不敢轻传。所以此章节的目的就是让读者懂得什么是周天功法，以及练习它的危险之处在哪里！习练者在修炼静功时务必要找明师指点，不可自行照着书本盲目练习，那将是徒劳无功而且是有害的行为。

第五章　静功练习原理及注意事项

目前的社会竞争越来越激烈，生活节奏也越来越快，人们的价值观、道德观、生活方式以及人与人之间的关系，都在随着这种浮躁的快节奏不断地发生着变化，在这种现象的冲击下，很多人长期精神不安，经常处于躁动、焦虑、失眠健忘、身心疲惫、食欲下降等状态。大量的医学案例表明，精神长期的焦虑、痛苦、紧张、不平和空虚会导致亚健康及各种身心疾病。

这个现象其实很好理解，中医认为心脑用度太过则神气失养而不内守，而长期的失眠、身心疲惫及夜生活过度所造成的精血俱耗，就会引起脏腑和机体的病变。这就是古人常说的心神不宁而生疾患的原因。当今的人们要想从根本上改变体内器官不协调的状态，可从习修武道入手，并从武道的静功中滋养精神，以调整脏腑的气机，最终达到身体功能活动的平衡协调，进而发挥人体内在的潜能，达到形神一体的效果。

其实，中国古代的养生家早就知道形体与精神思维活动是高度紧密联系的有机整体，故此才应用"虚静养神"的办法来调理自己的身体。那什么是"形"，什么是"神"呢？"形"是指形体，包括人体的脏腑、皮肉、筋骨、脉络及充盈其间的精血；"神"则是指人体的精神思维活动，包括神、魂、意、志、思、虑、智等。《黄帝内经》曾讲，"失神者亡，得神者昌"，并认为只有"形与神俱"，"形体不蔽（坏），精神不散"，才能"尽终其天年，度百岁乃去"。由此可以看出，"形"是一切生命活动的载体，"神"才是人体生命活动的主宰，"神"能统御精气，有任万物而理万机的作用。

若我们的"神"常处于易动难静的状态，则对健康不利。因为"神"常处于躁动时，我们的能量就会处于消耗的状态，最终必有疲劳之日，亏损之时，长此以往，就会对身体造成伤害。因此如何安神才是生命存亡的关键，所以我们才要"虚静养神"以保身体的健康。

养神的关键是清静。古人的"清静养神"观，是源于老庄之学的，老子认为"静为躁君"，主张"致虚极，守静笃"，意思是养神要排除杂念，以此来达到心神宁静的状态。《黄帝内经》也引用了此观点并告知人们："静则神藏，躁则消亡。恬淡虚无，真气从之，精神内守，病从何来。"意思是恬淡的生活，可助达到无执意妄想之心境，精神内守也就是精神自然平静，神归内养疾病又从何而来呢？现代生理学研究也证实，人达到内心宁静时，人体生命活动中枢的脑电波就能恢复到儿童时代的状态，这种状态能焕发出青春的活力，这种活力对身体各器官的滋养及维护是大有益处的。

不过，为了防止有些人钻牛角尖，矫枉过正，在这里需要特别强调的是，中国传统养生理论虽然崇尚清静养神，但并非让人心如死灰，无欲无求。清代曹庭栋就说："心不可无所用，非必如槁木、如死灰方为养生之道？静时固戒动，动而不妄动，亦静也。"意思是心不可不动，适当的心动也是"养生之道"。他同时还指出："用时戒杂，杂则分，分则劳。唯专则虽用不劳，志定神凝是也。"说明静中也蕴含有动的因素。不妄动，顺时而动，才是养静的根本，但这个养静之道是指人的心性修炼，而不是让人整天无所事事的在家里静着、待着、坐着，我认为平时该做啥做啥，只是你在做静功时把心沉下来、静下来即可。"虚静养神"的功法在这里简称"静功"。"静功"是指练功时身体在一定的空间内保持不动的一种功法，要求止念进入禅定的状态，达到忘我，达到虚无，精神内守最终形成内养的状态。待肾中真阳之气发动时，再行周天功法来采药，此法就是前辈所说的"静中有动"，这个"动"是指内动。平时还可以通过导引法或内观法来调节滋养自身脏腑。

练静功须知：

1. 止念

前辈讲："安心心法有谁知，只把无形妙药医，医得此心能不病，翻身跳入太虚时。"安心、收心的方法，在道家叫"锁心猿，拴意马"，道家认为人的心意就像猿猴与马一样动荡难以驯服。因为"人身好清而心扰之，人身好静而意乱之"，若要进入"心无其心、形无其形"的先天妙境，就要驯服这颗心，只有让心湛然常寂，才能得天地的造化。为什么西游记中孙悟空要戴紧箍咒？这是因为孙悟空代表的是心，必须要箍住他才能修道。因为人妄想过度会扰乱自身的气机运行。

心与息是相依的，息不调则心不定，心不定则气不凝。收心猿，锁意马，让心收住，要达到归复于清宁虚无的状态才是静功之本。因为这种状态能使脏腑气血的循环变得缓和，可防止因内心的躁动所引起的气血急促失调及精神浮躁不宁之病。人体的心脏有两个功用，第一，运转血液周流全身，血液周流正常则面部才无枯槁之容。第二，精神的作用。前辈讲："若人老病垂危、魂欲离体，一意存神于心，不惊不恐，不乱不摇，则必能延命于俄顷。"病危之时尚能如此，更何况少壮之时！所以修习这种止念、定心存神之法，对人生是大有益处的。

2. 炼己

炼己是离不开道德修养的。因为不重视道德修养的人，欲心是重的，自身的七情六欲更是难以控制。所以古人教导我们，存德心，行道事。因为只有德修好了，才能无私无欲，才能心念淡泊，身体才能返归先天元神的统领，才能成为一个有智慧的好人，这时你的心才能趋于宁静。

3. 意识达到入定状态

静功练习，要求意识达到入定状态。而且一个人入定程度的深浅在很大程度上决定着养神的效果。不管选用哪种方法，首先必须要掌握正确的练习法则，然后树立坚定不移的信心，持之以恒地去修炼，勿求速成，更不要畏难而退。习练时要顺其自然，循序渐进，不要执意妄想去追求什么奇迹的发生，否则欲速则不达，反而会走向歧途。

4. 练习时环境要安静

这个要求是因人而异的，对于特别容易入定的人来说，不需要过分强调这个问题。但对于初学者来说，如何避免外界的干扰是首先要注意到的事情，因为在练功中务必要保持周围环境的宁静，否则对于初学者来说是很难达到入定状态的。

5. 某些情况下不适宜练功

（1）注意不要在大饥、大饱、大怒、大惊或情绪冲动时练功。（2）注意不要在下雨打雷时练功。我祖父讲："若练静功时受到惊吓会很容易走火入魔。"（3）练功时期须保存一点精气，不要房事太频，以免因房事太频而影响练功的进程。

6. 女子要修正"意守下丹田"的练法

女子要以练中丹田为主。因为女性若常意守下丹田会引起血崩等病，严重时还会有性命之险。这里顺便对上、中、下三丹田做一下简单的介绍。

下丹田位于肚脐往里一寸三分之处，背前（命门穴前）连线的前三后七的位置。古人认为，练此可养精、生气。以道家真种论来说，下丹田这个位置靠近肾（水），"水源"充足，再逢上丹田神光的下照，便可成为先天之气与后天之气转化的枢纽。

中丹田的位置在胸口膻中穴，即两乳连线的中点位置，也叫乳溪。男性一般不练中丹田，因为男性以炼精为主，下丹田靠近肾，利于炼精。而女性提倡练中丹田，因为中丹田靠近肝脏，肝藏血，女性练功要以养阴、养血为主，所以女丹功要求女性注守乳溪。另外，中丹田内有胸腺，长期练中丹田，胸腺分泌旺盛，可以预防衰老还有养颜之功效。女性还可以因此斩赤龙（绝月经）而回到女童时精气充足的不漏体态。故女性在丹功训练中，要以练中丹田为主。

上丹田在两眉之间，也有称性宫、泥丸宫、玄关的。虽然称之为丹田，但一般不用于聚气养气。上丹田为藏神之所，道家认为人的本性真种"元神"就藏于此窍，对上丹田的修炼主要在于养神、炼神上，养神能使神旺，炼神能使本性从中显发，获得精神的超越。

道家常说的"三宝分炼"分别指的就是上丹田炼神、中丹田炼气、下丹田炼精。

7. 要在练功之前做一些必要的准备工作

（1）先排尽大小便，以免在练功中憋得难受。然后要漱漱口，让口中清欣，好使人能静心生津。

（2）关好门窗，堵上风源，谨防在练功中受风。因在练功中人体的毛孔会像窗户一样的打开，如此时有风，人体会很容易遭受风邪的侵扰。祖父曾讲过："针眼大的窟窿斗大的风"，"要避风如避箭"，望习练者小心为好。

（3）要对室内光线进行调整。拉上窗帘，防止室内过亮，而且在练功时，要背光而坐。

（4）最好坐在硬板床或硬板凳上，还要垫上软的东西，如坐垫等，此举有利于气血的运行。

（5）要宽衣解带，并摘掉所佩戴的一切饰品。

（6）练功前如干了较繁重的体力劳动，要先休息一下，至身心平静、体力恢复过来后，再开始练功为好。

（7）身体须端正。脊柱不可挺得太直，胸微含，坐要稳。

（8）头部须端正，下颚微收，口微闭，上下唇及上下齿应自然相接，舌尖要轻抵上颚。

（9）眼须微闭如垂帘状，因为在练功中眼睛全闭上容易睡觉，眼全睁开时又容易受外光干扰导致心意散乱，而无法内守入定。

（10）前辈讲"心内观心觅本心，心心拒绝见真心，真心明澈通三界，歪道邪魔不敢侵"。故此要祛除一切杂念，端身正坐，恰似一块磐石，存想丹田。《内经》说："心神动则五脏六腑皆摇。"所以要收心止念，以此来安养我们的脏腑。

（11）习武修道最重要的是调和身心，要整理杂乱的思想，使其不散乱。故此我祖父讲："澄心静坐，万缘放下，一念不生，身心空寂，物我皆忘，是为要着。心中毋生此四相，如心中恍惚，名为沉相；如心走于外，体亦不安，名为浮相；如用心过度，名为急相；如心志散漫，口如流涎，名为宽相。"祖父认为，此四相全是心中不良之相，需要避除。

（12）呼吸也有四相，即风相、喘相、气相、息相。其中，"风相"是指耳朵能听见自己的呼吸声，似呼呼风声。此相一出则使气不能凝，气散无功。"喘相"是指虽然呼吸无声，但鼻中似乎阻塞不畅；或是刻意为不出声而强制压低呼吸，使其无声；或是呼吸始终感觉上气不接下气，这些都属于喘相。此相一出则容易使气淤结不畅，造成憋闷气喘。"气相"是指虽然呼吸不喘不滞，往来也很顺畅，耳中也听不到声音，但呼吸一来一往非常"清楚明显"。此相一出则人不能真正做到入定。"息相"是指呼吸无声，往来顺畅，呼吸如游丝一般，绵绵柔柔，似乎消失了，而又似乎存在，非常微弱，心神与气息亦是绵绵细长，神息绵绵相抱。此相才是我们追求的呼吸状态。可是习练者一开始是不可能达到息相的，一般都是前三种相中的某一种。不过，在练功初期出现什么都是正常的，调息的目的就是要把这三种非状态的呼吸调整到"息相"的状态上来。

（13）祖父曾跟我说："初坐气功时要须含其光明，凝其耳韵，均其鼻息，减其口气，四肢不动，一意冥心，（女存想中处，男存想下丹田）先存没忘，渐至泊然不动，斯为合势。盖人身之中，精血神气，非能自主，悉听于意，意行则行，意止则止，要意守丹田，排除杂念。只有少思寡欲，冥心养气、存神才是修真要诀。"

以上是练静功的注意事项。祖父还跟我说"在睡前用心把所会的拳法认真想一遍，这也是在练功。"其实功法是无处不在的。吕祖曾讲："动修经络立修脉，坐修神意卧修灵"，所以古人的行、站、坐、卧，其实都有其养生及练功的目的，他们通过长期的实践总结出行功法、站功法、坐功法、卧功法，我分别介绍如下：

行功法：这种走功在于以身动求心定。仙师王重阳曾云："两脚任从行处去，一灵常与气相随。有时四大醺醺醉，借问青天我是谁？"这首诗把行功要领说得淋漓尽致，走功正是要在这如醉如痴的轻缓步态中，心息合一，进入无人无我的混沌境界中。当行路和散步时，目视前方三五步处，神不外驰，手掐子诀做握固状，依行路的速度，自然呼吸，要逐步进入佳境。如能长期依此法锻炼，便可以久行而不易疲倦了。当然练太极拳或练小架梅花桩时也可以使用此法练功。不过，这样练功属于内养范畴，与搏击无关了。

站功法：《性命圭旨·立禅图》曰："随时随处，逍遥于庄子无和有之乡；不识不知，游戏于如来大寂灭之海。若天朗气清之时，当用立禅纳气法而接命。其法为；脚跟着地鼻辽天，两手相悬在穴边，一气引从天上降，吞时汩汩到丹田。"站功法初期是通过用意念控制咽津，以养丹田之元，待机入定，渐渐进入混混沌沌、空而不空的状态，从而真正达到无我之境地，待肾中真阳之气发动时再行周天功法。

坐功法：坐功是丹家最基本的功夫，丹功的坐姿以方便坐为常用，还有单盘腿、双盘腿和垂腿坐。这些都要求身正，脊柱不可挺得太直，胸微含，坐要稳。习练者如果能心念不起，自性不动，内不出，外不入，便达到真坐了。

盘腿坐式有三种：1."双盘式"是把左脚放在右大腿上面，再把右脚搬到左大腿上，双脚脚心朝天，双手掐子午诀后置于小腹前面。2."单盘式"是把右腿放在左腿上面，或把左腿放在右腿上面，手势如前法。3."自由盘腿"是将两腿互相交叉而盘坐。

垂腿坐式：坐在高低适宜的椅凳上，以坐下来大腿面保持水平为度，小腿放松垂直，两脚平行着地，两膝间的距离以能放下两拳为准。两手心向下，掐子诀握拳，做握固状自然地放在大腿上。两肩放松下垂，腰勿用力，不要挺胸或驼背，头顶如悬，下颌略回收，体态以端正、自然放松为标准。

卧功法：《性命圭旨·卧禅图》及陈抟老祖所传睡功皆主张侧卧，可以参照修习。陈抟老祖以卧功炼丹入定来炼就先天一炁，从而进行人体和宇宙的能量交换。（女）一般侧卧意守黄庭中宫，（男）意在肚脐心息合一，男女存想丹田用鼻以行吐纳，或配合观想采气法、采日月星辰精华法，皆可进入天人合一之境。方法是右侧着床，伸下腿屈上腿，左手掐子诀握拳做握固状自然地放在左胯上，将右手置于头下做枕，当然也可左侧着床，伸下腿屈上腿，右手掐子诀握拳做握固状自然地放在右胯上，将左手置于头下做枕。这个要随你的感觉和喜好而定，不过，最好是右侧着床为好，因为左侧是心脏，长时间左侧着床对心脏有压迫。

　　道家认为失眠是心肾不交的原因，而这个原因的产生主要是平时用神过度、缺少锻炼致心火常旺于上，肾水常亏于下的结果。失眠是指思想情绪的"火"不能沉下来，阳不入于阴，当人睡不着时，思想就在脑子里转，妄念停不了；气在上面，妄念沉不下来，所以就很难入睡。人体的水火二气，在身体健康时，火应该在下，水在上，这样头脑是冷静清楚的。人血压高了有时是下面气虚了的原因，所以通过调养使下元的气充实了，血压也就自然降下来了。道家水火交感的意思是火在下时阳气充足，水在上面头脑才清净。以武修道是为了常保持元气在下充实，上面头脑清凉，水在上面才能玉液还丹，清凉甘甜的口水才能经常有。

　　祖父讲："……心属火，中藏正阳之精，名曰汞、龙。肾属水，中藏元阳真气，名曰铅、虎。先使水火二气，上下相交，升降相接。用意引动，脱出真精真气，混合于中宫。用神火烹炼，使气周流一身则气满神壮。若动静兼修，内修成矣。"这里说的"水""火"的概念则是意指心、肾。心居上焦，其性主动，以阳为主。肾居下焦，其性主静，以阴为主。心阳必须下降以温肾，肾水必须上升以济心。因心为阳之所主，肾为阴之所主。阴升而为水，阳降而为火，懂得了心火、肾水相交（龙虎交媾）、上下火候，就可谓掌握了安乐常行之法了。肾在八卦中属坎卦，五行属水；心属离卦，五行属火；人的心居上而肾处下，心藏火，肾涵水，火性本上炎而水性易下润，结合到八卦中的坎离定位，这就是"火水未济"之象。所以火在上需降下以温肾水，水在下需上升而凉润心火，如此就变为了坎离交媾，"水火既济"之势了。

　　心肾不交的养生之道是先补肾水，后泻心火，在平时要以多加锻炼为原则，因锻炼可以交通心肾，使心肾的阴阳重新得到平衡，达到水火交泰的状态。再者，不管老年、中年或是少年在失眠时，如把身体蜷起来睡，并按照睡功的要求，右侧着床，伸下腿屈上腿，左手掐子诀握拳做握固状自然地放在左胯上，将右手置于头下做枕，这可使心肾不交者勉强气交。"交"就是将心肾二气连起来，这样就可以睡着了。不过，这是暂时的办法，如要想彻底改善失眠之症，还需静功与动功合理搭配来调理身体为好。

第六章　八段锦功法练习

据记载，八段锦功法是由唐末五代钟离权仙师所传的一种上乘的气功锻炼方法。八段锦的"八"字，不是单指段、节和八个动作，而是表示其功法和动作之间，有相互制约、相互联系、循环运转的含意。"八"这个数还有对应周易先天卦象坤卦之意，坤主柔、主顺、主通畅，以此来应老子的守柔之道。"锦"字，是讲其精美华贵，并难以寻求之意，故名为"八段锦"。不过，目前传承中的"八段锦"有八个动作的和十二个动作的，后人又称十二个动作的为十二段锦以此来加以区分，其实这十二段锦只是在八段锦功法上加了四个动作而已，我认为他们师承一脉，不用刻意去区分它。"八段锦"功法既完整而又独立，如果能正确地练习，有调整脏腑功能的作用。

八段锦功法乃修道之基，其中有很多静功的妙用，比如调息、咽津、以"神"驭"气"等等，如果正确练习会受益良多。您如能长期坚持动功、静功相结合的方式练功，便能达到邪魔不敢近、梦昧不敢昏、寒暑不能侵、灾病不能入的境地。有人会问，为什么在讲太极拳的书里要提八段锦呢？这是因为太极拳里的"无极桩功"根本就离不开八段锦这门功法，有此功法作基础，才能很快地进入恍恍惚惚、混混沌沌的境地。所以只有熟练地掌握八段锦功法后，才能在练习"无极桩功"时心神不外驰，使你能很快地进入虚无状态。

总结八段锦静功，可精化为八个功法阶段：一静神、二叩齿、三鸣鼓、四咽津、五摩肾、六轳转、七虚托、八足心。可是今天的很多人，却只对"闭目冥心坐，握固静思神"后面的动作感兴趣，唯独忽略了最重要的静功修炼内容，并把八段锦编成像养生操一样的东西练习，美其名曰行功八段锦，这真是令人感到可惜可叹！

其实八段锦中的第一个姿势就要涉及打坐功夫了，习练者在打坐初期会觉得两腿有发麻的感觉，这是因为身体气血不畅，腿部积累的陈沙太多所造成的。所以就需要练了,当腿部积累的陈沙不多时,气机上下运转升降也就通畅了,不但腿不感到麻痛,而且还会有舒适快意的感觉,故愿意打坐了,古人管这种现象叫"发乐"。但人不能长期、长久地拿打坐作为唯一的修炼方式,如长期如此,便会出现久坐而伤身的状况,故此八段锦后七势是动功,实乃调理身体气机的,望读者明鉴!

"八段锦"具体的练习方法如下:

一、闭目冥心坐,握固静思神

此势为八段锦功法最核心的内容,不过,却难以用笔墨语言将其说尽。为何如此说呢?其实打坐动作很好讲,古书中说,"蟠跌坐姿,身下须用芦花之类做软褥垫坐为妙",用软垫微微垫高尻骨,是为了令真气容易过尾闾关的缘故。但真正难讲就难在一个"冥心坐"及"静思神"上。因心神最易外驰,如天马行空之难羁,故调和最是不易,所以必须依着静功的习练方法,把呼吸炼到非常之静,才能调和其心,才能进入静功的最高境界。故此练静功须要把身、息、心三者完全调和,要做到先端坐调和身体,再做到清净调和呼吸,最后还要做到止念调和其心才行。祖父曾经给我念了一首诗:"元神一出便收来,神返身中气自回,如此朝朝并暮暮,自然赤子产灵胎。"这首诗说的就是练八段锦时的功景。我祖父还讲:"心念不起名为坐,自性不动名曰禅，只有静坐少思寡欲，冥心、养气、存神才是静功之要诀。"因此八段锦一开始，就是通过运用导引法或内观存思法，逐步使自己进入"静"的境界，即道家所讲的恍恍惚惚、混混沌沌的状态，待肾中真阳之气发动，好行周天之法。

所以不要小看这个"静"字，在静功练习法中，"静"字是有三重境界的：第一重是身静。即身体不动，谓之身静。练功之时，不要存有紧张的情绪，要保持身心的放松，这自然有利于入静。如果能坐得住，坐得轻松，甚至不愿意再动的状态是身体已经得到安静的表现。但这种表现只能说是静功的初级功夫。当做到身静之后，心中的念想尚未完全清除，万缘还未完全放下时就要赶快进入第二重境界"心静"了。

第二重"心静"。即念头不动，谓之心静。古人讲："身不动则心安，心不动则神宁。"只有当心中不起念头，才能做到以心使气，心气合一。当以往事情不回忆，眼前事情不记挂，未来事情不打算，大脑神经完全进入专一的状态，内心世界完全得到安宁时才是心静。此为静功之中级功夫。

第三重"意静"。当不知有我时，谓之意静。心中无念之后，还有一个我存在，意识尚未彻底干净这不叫意境。只有进入"混混沌沌"、"空而不空"的状态，真正做到无我之时，此时就是把鸟的软毛放在鼻端，鸟毛似乎不动，人好似也没了气息的程度，即到了静功之最高境界"意静"了。所以看似简单的一句"闭目冥心坐，握固静思神"，其实才是真正的静功。练功者只有达到这种"意静"的状态，才能说习练者有点八段锦的修炼功夫了，有了这种功夫才能练站功等。而且打坐打好了还可治愈严重的抑郁症。

另外说一句，辟谷就是练气练到这种境界时，身体自然进入一种不需要吃喝的状态，这种状态好像乌龟进入冬眠时身体不需要吃喝的状态一样。而有些人说是在练辟谷，但他的精神还处于兴奋状态，只是用意志控制自己不想吃喝而已，还四处乱跑，消耗自己的体能，这是百害而无一益的。因为是用意志来控制自己吃东西的欲望，所以就有得厌食症的可能性，并且又因为自身没有真正达到"静"的状态，身体还在消耗大量的能量，这时消耗的能量则是自身储备的精华，如消耗久之，身体必然就虚弱了，所以我才说这种"绝食辟谷法"有百害而无一利。我管这种辟谷叫绝食运动，而非真正的道家辟谷功法。

接着讲闭目冥心坐，握固静思神，此势是由做握固状开始，用舌在口中上下左右搅动，再使生津液，待津液满口时，再鼓漱咽下。然后行导引法，吸气不必加意念，吸气自然，然后屏气吞咽口中的津液，同时徐徐将气呼出，并用意念好似将津液一点点送入下丹田；待气呼完时，仿佛吞咽之津液已运到下丹田。如此数回，待心思沉静下来后逐步进入"混混沌沌"、"空而不空"的状态。八段锦静功出定醒来时，为了起到按摩梳理筋脉、活动筋骨的作用，便有以下七式。

接上式，盘膝而坐，当出定醒来后，便要做发常梳、目常运的功法了。发常梳操作方法：将双手掌互搓数次，令掌心发热，然后十指向后，由前额开始用手梳头发，经后脑回颈部。早晚各做数次。作用功效：头部有很多重要的穴位，可以明目，预防头痛、耳鸣等。目常运操作方法：微合眼，用眼珠转圈，先左、上、右、下顺时针方向转；然后眼珠逆时针转圈。重复3次。然后搓手，将发热的掌心敷在眼部。作用功效：可明目、治疗近视、缓解眼睛疲劳，尤其适用于经常玩手机、视力疲劳的人。然后慢慢睁开眼睛，搓搓双手，待双手搓热后双手手掌顺着鼻沟画圆揉搓，等面部搓热，鼻窍通气为止。这动作经常做，可以令脸色红润有光泽，同时不会有皱纹。

二、叩齿三十六，两手抱昆仑

古人认为牙齿是筋骨之余，经常轻轻叩击能使肾气牢固，心神清爽。还可起到加强肠胃吸收，防止牙痛、蛀牙和牙退化的作用。两手向上相叉虚托抱顶，左右旋转可以去除两肋积聚的邪气。

练习方法：双手做握固状，上下牙齿相叩作响三十六次，然后用舌在口中上下左右搅动，再使生津液，待津液满口时，再鼓漱咽下。另外中医有一个预防中风的好方法，叫"咬天门"。操作方法是把整口牙齿上下紧紧合拢，用力一松一紧地咬牙切齿，咬紧时加倍用力，放松的时候也互不离开，反复数十次。这样做的最大好处在于使头部、颈部的血管和肌肉、头皮以及面部都处于有序的紧张和舒展动态中，加速脑血管血流循环，让趋于硬化的脑血管逐渐恢复弹性，让大脑组织血液和氧气供应充足，从而减少眩晕的发生。"咬天门"的方法应天天练习，不拘时间。在持续两个月之后，部分患者就可以感受到疗效，一过性脑缺血的症状明显减轻。如果能常年坚持，脑动脉弹性就会得到一定程度的恢复，大大减少脑卒中的发病率。冠心病患者、高血压患者以及糖尿病患者，都适宜应用此法。

然后两手交叉向胸前伸展后再向上虚托至头顶后下落，双手抱头停顿数分钟后，目视左肘尖再以腰为轴，上身缓慢向左旋转至极限，停顿数分钟后，再缓慢归于原位，目视前方，然后再向右旋转，动作同左，左右旋转共十次。这动作可以强化肠胃、固肾气，防止消化不良、胃痛、腰痛、腰椎间盘突出等症。

三、左右鸣天鼓，二十四度闻

接上势，两手掌掩在两耳处，食指叠于中指之上，随即弹击后脑枕骨二十四下，每下间隔大约几秒钟，以此来驱除风池之邪气，这动作每天临睡前做，可增强记忆和听觉。

四、微摆撼天柱（左右同），赤龙搅水津，鼓漱三十六，神水满口匀。一口分三咽，龙行虎自奔。

接上势，把双手平放于膝上，头部缓缓向左扭转停住，挺颈用眼观其左肩后，右肩及上身要保持不动，停顿数秒后，头部缓缓归于原位；接着头部再缓缓往右扭转停住，挺颈用眼观其右肩后，左肩及上身保持不动，再停顿数秒后，头部再缓缓归于原位。如此反复练习十二次，这动作经常做可以令头脑灵活，防止颈椎增生、治疗颈椎疾病及除风池之邪。不过，注意要慢慢做，否则会头晕。古人形容人体的颈部为通天的柱子，所以这组动作叫"微摆撼天柱"。

上势练完，身体归回原位后，用舌头在口中上下左右搅动，使口中生出津液，然后在口中鼓漱，等口中津液填满后再将津液分三次咽下。此法可去肝脏风邪。舌头在八段锦功法中被形容为口中的龙，故叫作"赤龙搅水津"。这里的"津"乃是口中的津液。古人认为"津为肾之液"，经常做这动作，可以强健肠胃，延年益寿，还可以助消化，平五脏之火气。古人非常重视口中的津液，并给予了多种称谓，如金浆、玉醴、甘露、自家水、醴泉等。漱咽之，又名"胎食"。道家又称行周天功法的过程中所产生的津液为金液、玉液。不过在道家修炼中，"玉液"、"金液"，两者又有所不同。人的舌下为玄膺，该处有两窍，左名金津，右名玉液。当精气经过玉池的时候，这窍所分泌的唾液为玉液。《黄庭内景经》中则说它有"开通八脉血液始，颜色生光金玉泽，齿坚发黑不知白"的功效。再说说这金液的生成，内丹术认为，金液是肾水中的精气上升之故。真水蕴藏在肾中，在周天功中真水可以随精气的运转而上升至口，化为甘甜的津液，古人认为金液对身体的功效要远超过玉液。

当玉液或金液增多，待"津液满口时，则微漱数遍，然后行导引法，吸气不加意念，吸气自然，然后屏气吞咽口中的津液，同时徐徐将气呼出，并用意念好似将津液一点点送入下丹田；好似津液徐徐以意引下重楼（气管），渐过膻中（两乳之间）、鸠尾（剑突下）、中脘、神阙（脐）至气海（下丹田）止"。在咽下时，最好要闭目凝神，要感觉到它下降到下丹田。下丹田在前面我们已经有专门篇幅提到过，它是"性命之祖，生气之源，五脏六腑之本，十二经脉之根，阴阳之会，呼吸之门，水火交会之乡"。

五、闭气搓手热，背摩后精门

接上势，深吸一口气停闭不出，两手互搓至发热，然后急分开来摩擦后背的"后精门"处，一面摩擦一面自然呼吸，以感觉发热发烫为止，然后将两掌捂住"后精门"，用意念守住后精门约几分钟即可。如此反复练习几次，做完后收双手做握固状。故叫作"闭气搓手热，背摩'后精门'"。

此处通常有两种锻炼方法：一种是意守法，用掌擦"后精门"，以感觉发热发烫为度，然后将两掌捂住"后精门"，用意念守住后精门约几分钟即可。另一种是采阳消阴法，即背部对着太阳，意想太阳的光、热，能源源不断地进入"后精门"，心意必须专注"后精门"，时间约30分钟即可。不过，此法建议冬至后老年人晒太阳时练习为好，夏天最好不练，因为夏天太阳大容易中暑。

这里说一下"后精门"。我祖父对我讲："腰眼为密户，又为内肾命门。命门是先天之气蕴藏所在，是人体生化的来源，是生命的根本，对男子所藏生殖之精和女子子宫的生殖功能有重要影响；并对各脏腑的生理活动起着温煦、激发和推动作用；对食物的消化、吸收与运输及水液代谢等都具有促进作用。如经常按摩'后精门'这个地方，可强肾固本，温肾壮阳，强腰膝、固肾气，延缓人体衰老；疏通督脉上的气滞点，并能辅助治疗肾寒阳衰、遗精、腰痛、行走无力、四肢困乏、腿部浮肿、耳部疾病等症。"

六、左右辘轳转，两腿放舒伸

接上势，双手叉腰，先用左臂连肩画圆，如同摇辘轳一般，同时左手除作为支点外还需按摩侧腹部，左侧做完再做右侧，右侧与左侧等同。左右各

几次即可。因此势如同摇辘轳一般，故叫作"左右辘轳转"。上势毕，双腿自然前伸放松并平息纳气，也就是自然呼吸，双手放在膝盖上。然后搓手使手心发热，手暖后两手交叉，围绕肚脐顺时针方向揉。这动作可以帮助消化吸收，可治疗便秘、腹胀等症。然后在摄谷道（即提肛）吸气时提肛，即将肛门的肌肉收紧。闭气，维持数秒，直至不能忍受，然后呼气放松。这动作无论何时都可以练习。最好是每天早晚各做20至30下。相传这动作是历代帝王最得意的养生功法。有提升中气、固精止泄的功效，对慢性腹泻、男子性交时间短有不错的效果。

七、叉手双虚托

接上势，全身放松，双手在胸前交叉，然后深吸一口气，伸臂，双掌伸于双脚前，同时身体前探，随后双手向上托于头顶，身体同时回归原位屏气，待憋不住气时双手再放下，放于膝盖之上，自然呼吸。停几秒钟后接着做。如此反复做几次即可。

八、低头攀足频

接上势，双手向前伸，同时身体前探，手心能攀到双足心为止。在攀摸足心时双腿及膝盖尽量要伸直不要打弯，最好双手能搓到脚心。此势共攀摸脚心数十次即可。然后收腿，右手擦左脚，左手擦右脚。由脚跟向上至脚趾，再向下擦回脚跟为一下。共做十几下。然后大拇指按压涌泉穴。常做这动作，可以固肾气、治失眠、降血压、消除头痛。

九、收势

此势完毕后，收腿盘膝而坐，双手握固，闭目静坐，用舌在口中上下左右搅动，再使生津液，待津液满口时，再鼓漱咽下，八段锦练习至此结束。

六字诀是八段锦的辅助练法。六字诀去病法介绍如下：

六字歌诀是一种吐纳呼吸法，它与八段锦是孪生姐妹，又名踵息法。它是按照四时、五行与脏腑经络的关系，用"嘘、呵、呼、呬、吹、嘻"六字，分别与心、肝、脾、肺、肾、三焦相对应。如某脏器有病即可用相应之字调理，它的治病原理是通过正确的发音及导引法所产生的气流振动来激发其相应气机，使相应器官产生修复现象。因为六字诀养生保健功效显著，所以自古不仅为中医所推崇，而且为道家、武术家所接受，并在中医、道家、武术界广为流传。

关于六字诀的记载最早见于战国时期庄子的《庄子·刻意》："吹呴呼吸，吐故纳新，熊径鸟伸，为寿而已矣。"在西汉时期的《王褒传》一书中，也有"呵嘘呼吸如矫松"的记载。对六字诀较为完整的记载见于南北朝时期著名道士、医药学家陶弘景的《养性延命录·服气疗病篇》和隋代京黑先生所撰《神仙食气金柜妙录》："时寒可吹，时温可呼。委曲治病，吹以去寒；呼以去热；嘻以去风，又以去痛；呵以去烦，又以下气；嘘以散滞；呬以解极（劳极）。"并且在唐代著名道士、医药学家孙思邈的《孙真人卫生歌》里也有"春嘘明目本扶肝，夏至呵心火自闭，秋呬定知金肺润，冬吹惟令肾中安，三焦嘻却除烦热，四季常呼脾化餐，切忌出声闻耳目，其功尤胜保神丹"等有关六字诀的妙语。

在后来各个时期的医、道、佛家著作中，关于六字诀的治病养生作用多有记述，如《崧山太无先生气经》中说："……呬属肺，主鼻，有寒热和劳极，依呬吐纳，兼皮肤疮病。"《赤凤髓》说："……腰膝冷多阳道微，微微纵气以吹之，不用外边求药饵。"《四时调摄笺》则言："损有吸以补之法。"若肝脏虚以"嘘"字作吸气以补之，若心脏虚以"呵"字作吸气以补之，若脾脏虚以"呼"字作吸气以补之，若肾虚以"吹"字作吸气以补之，若肺虚以"呬"字作吸气以补之。《景岳全书》则有言吸气发音补阳，呼气发音补阴，故"阴微不练吸，阳微不练呼"等的描述。明太医院医官龚廷贤则在《寿世保元》中说："……以六字诀治五脏六腑之病。其法以呼字而自泻去脏腑之毒气，以吸气而自采天地之清气补气。当日小验，旬日大验，年后百病不生，延年益寿。"

由此可见六字诀历史之悠久，以及其在社会上的影响力之大。不过，六字诀在不同的时期是有变化的，它经历了由浅入深的过程。六字诀在明代以前是没有动作配合的，其功法是单纯的呼吸吐纳法。到了明代以后，才有呼吸与动作相配合的文字资料。如明代胡文焕的《类修要诀》中的"祛病延年六字法"："肝若嘘时目睁睛，肺呬气时手双擎，心呵项顶上连手，肾吹抱取膝头平，脾病呼时须撮口，三焦客热卧嘻宁。"这是古人以动作来辅助气的下行。

我推崇明代以前不加动作的练法。明代以前的练法具体来说是利用读字音呼气，产生不同的内在气息变化，并加以导引来影响不同的脏腑经络的气血发生变化。口呼鼻吸，呼气时读字，但不能发出大的声音；呼气要稳而长。待呼至不能再呼时，气已到下丹田，闭口以鼻吸气反复操作。次数多少，要根据个人情况而定，要适可而止，不必太过。练过了头，身体发麻时反而对身体不利。

（一）六字歌诀属性表

字诀脏腑开窍四时五行注语

嘘 xū 肝，目，春，木，应肝，春行之，肝病行之。
呵 hē 心，舌，夏，火，应心，夏行之，心病行之。
呼 hū 脾，口，四季，土，应脾，四季行之，脾病行之。
呬 sī 肺，鼻，秋，金，应肺，秋行之，肺病行之。
吹 chuī 肾，耳，冬，水，应肾，冬行之，肾病行之。
嘻 xī 三焦，命门，冬，相火，应三焦，热病行之。

《道藏》云：世人五脏六腑之气，因五味熏灼，又被七情六欲所乱，积久成患，以致百骸受病，故太上悯之以六字气诀，治五脏六腑之病。其法行时，宜静室中，暖帐厚褥，盘足趺坐，将动功略行一次，初学静功，恐血脉不利，故先行动功，后行静功，若七日后，则不必行动功。这里所说的动功应该是指先运动一下身体。行动功毕，即闭固耳目口齿，存想吾身，要身似冰壶，心如秋月。良久，待其呼吸和血脉定，继而口中微放浊气一二口，然后照前节令行之，则有补气扶正的效果。古人又云："六字诀以念字为吐，呼气尽音止。假如春月，须低声念'嘘'字，不可令耳闻，闻即气粗，粗恐气泄耳。假如秋月患目病，应乎肝，当行'嘘'字；又如春患虚黄，当行'呼'字，此乃权变病应之法也。独肺部之疾，肺本主气，不得行此法。宜专行咽津功夫，降火甚捷。凡修此道须择子日子时起首，二十七日为期，如耳聋虚劳臌膈之症，顿然自愈，行之既久，腹中自闻辘辘有声，内视自有一种景象，百病除而精神充矣。"

（二）六字诀练习法

坐姿要求与八段锦相同，都是要求"松"、"静"、"自然"。姿势如图：

（1）嘘字功发音：嘘 xū

须低声念"嘘"字，不可令耳闻，闻即气粗，放"嘘"字尽。（口呼鼻吸，呼气时读字，但不能发出大的声音；呼气要稳而长。待呼至不能再呼时，气已到下丹田，闭口以鼻吸气反复操作。）发"嘘"字音可以疏通肝气、治疗肝病，如慢性肝炎、高血压等病均可练该法。

（2）呵字功发音：呵 hē

须低声念"呵"字，不可令耳闻，闻即气粗，放"呵"字尽。（口呼鼻吸，呼气时读字，但不能发出大的声音；呼气要稳而长。待呼至不能再呼时，气已到下丹田，闭口以鼻吸气反复操作。）发"呵"字音可以稳定心神，治疗心病，如失眠、冠心病、心律不齐等。

(3) 呼字功发音：呼 hū

须低声念"呼"字，不可令耳闻，闻即气粗，放"呼"字尽。（口呼鼻吸，呼气时读字，但不能发出大的声音；呼气要稳而长。待呼至不能再呼时，气已到下丹田，闭口以鼻吸气反复操作。）"呼"字四季皆可练习。发"呼"字音可以醒脾，治脾病。当脾有病时则消化不良，出现口臭、吐酸水等症状，脾属土，练"呼"字可帮助消化，增进脾胃健康。

(4) 呬字功发音：呬 sī

须低声念"呬"字，不可令耳闻，闻即气粗，放"呬"字尽。（口呼鼻吸，呼气时读字，但不能发出大的声音；呼气要稳而长。待呼至不能再呼时，气已到下丹田，闭口以鼻吸气反复操作。）秋季练此，乃应时令而养生也。发"呬"字音可以清肺，治疗肺病，如外感发热咳嗽、痰涎上涌、慢性支气管炎等，都可练该法。

(5) 吹字功发音：吹 chuī

须低声念"吹"字，不可令耳闻，闻即气粗，放"吹"字尽。（口呼鼻吸，呼气时读字，但不能发出大的声音；呼气要稳而长。待呼至不能再呼时，气已到下丹田，闭口以鼻吸气反复操作。）冬季练此，乃应时令而养生也。发"吹"字音可以固肾，治肾病。肾属水，冬藏精，故冬天可多练此法，以益寿延年。

(6) 嘻字功发音：嘻 xī

须低声念"嘻"字，不可令耳闻，闻即气粗，放"嘻"字尽。（口呼鼻吸，呼气时读字，但不能发出大的声音；呼气要稳而长。待呼至不能再呼时，气已到下丹田，闭口以鼻吸气反复操作。）冬季练此，乃应时令而养生也。发"嘻"字音可以理气调气，以治三焦烦热。三焦主命门相火，为六腑中最大之腑，是全身通气的道路，如三焦有病，出现寒热往来、口苦胸闷、恶心呕吐等症，都可练该法。

注：古人讲："六字出息，治病之法，常道从正，变道从权。"练六字诀是离不开八段锦功法的，而八段锦功法及六字出息法，您最好找懂得此法的明师在旁教授为好，切记不要在一知半解的情况下练习。

第七章 无极桩功

　　讲完了静功修炼和八段锦功法，在这一章便开始讲太极拳的无极桩功了。之所以把这一章放在八段锦功法的后面，是因为站无极桩之前，要以八段锦功法作为基础，否则在站无极桩时难以进入心中无形无象、无意无识、混混沌沌、一气浑沦的状态。有人还会问，为什么在练太极拳之前先要站无极桩功呢？这是因为人在平时的生活中会有很多心结需要自身去化解。习练者若心结不去，在练太极拳中便很难进入状态。说到心结我们不能不提及它的起因，也就是我们自身就有的七情六欲所带来的干扰了。七情六欲是我们在成长过程中与外部世界相接触而形成的心理感受，它们只是一个泛指的代词，泛指人们所有的情绪、生理需求和欲望。

　　我们在日常生活中，是避免不了七情六欲所带来的干扰的。医学专家认为七情六欲会带给我们心理上的波动与压力，而这种波动与压力如果不能正确排解和引导，就会造成身心的损害。《黄帝内经》讲"怒则气上，喜则气缓，悲则气消，恐则气下，惊则气乱，思则气结，劳则气耗"。这些古人的经验告诉我们，过度的情绪给我们的身体带来了什么。咱们的祖先还认为七情六欲如果控制不好，就会在不经意之间损伤到我们的元精。为此我们必须用修炼之法来加以添补，从而保证自身的健康。所以我们平时要保持稳定的心理状态，将七情六欲维持在"和"的范围内，切勿"太过"与"不及"。

　　前辈规定的练太极拳前必须先要站无极桩功，也就是想让大家在练太极拳之前先要排除七情六欲的干扰，使自身进入到清灵的状态，心身合一方好练拳。当然，一个习修武道之人，不仅外练筋骨、内炼调息，通过以外带内的方式，健身、治病、养生、御敌，同时还要通过修心养德，使心神安定，达到内生情愫而不动，外应声色而不染的状态。如果身心能长期达到上述的状态，就能精满、气足、神旺，否则便会精亏、气弱、神疲。只有长期保持平心静气，神藏内敛，才能积精累气，丹田自然就有宝生成，而这宝是仙家至宝，是通过修心习武得来的。不过道家讲："神仙都是凡人做，只是凡人心不坚。"此话可见，说理容易行道难，真正的练武、修道谈何容易！一个人能够闻道，已是难得的机缘，闻道之后能以自己的悟性而见道，更是百里挑一了，而见道之后能保持初心不退，百年如一日，并能持之以恒地坚持，那更是凤毛麟角。所以修炼武道之人，如能够得大成就者，其实他们都不是一般的人，而是意志坚定的有道之人。

无极桩是太极拳的第一势。但它和八段锦的第一势调息、入境一样，长期的也被人曲解了。目前有些养生家将它单拿出来，作为一个单独的姿势让人站一站，不过他们要求姿势站的过于低了，腿部吃力过大，这样站无极桩练习的只是腿部的肌肉而已，这早已偏离了无极桩的修炼本义。

我们先来讲讲"无极"一词。道家是从宇宙演化的角度来使用"无极"一词的。它指的是更古老、更终极的阶段，这一阶段叫"无极"。无极即道。修道者追求与道合一，道门术语称与道合真，意思是返回到最初的终极状态，这就是道家修行中的"复归无极"。

依道门观念，与道相合，才能长生久视，河上公注释的《老子》章句里就把无极解释为"长生久视"。因此将无极解释成道，或者解释成长生久视，其实是一致的。道是无限的。道家认为在天地开辟之前，它已经存在了无限的时间，而且会永恒地存在下去，空间上它也是无限的，它不局限于任何一个具体事物。所以无极的原义就是道，指道是不可穷尽的。

对应这些概念咱们回到太极拳上来，我们会发现，很有意思的是，无极桩正是太极拳的第一势。这正好符合"无极生太极"的道家理念。而太极拳里讲的无极之形，即是在自然放松的状态下，身体安然不动的站立姿势。且在站无极桩时要进入心中无形无象、无意无识、混混沌沌、一气浑沦的境地。此境地正好进入道家讲的"实是天心纯然而未有分别之至性，为天然顺行之道"的境地了，此境地离得道就不远了。您再看无极桩歌诀讲："无形无象无纷拿，一片神行至道夸。参透虚无根蒂固，混混沌沌乐无涯。"这不全然是一个道士得道后的状态吗？

前辈讲："我们学太极拳，除了为强身健体外，还为的是入道。入道就要养心定性、聚气敛神。如果心不能安，性即扰之，气不能聚，神必乱之。心性不相接，神气不相交，则全身之四体百脉，在练拳时莫不尽死，虽然练太极拳也能比划出相似的拳法动作，其实内在的功效却根本全无作用。所以练习太极拳时一定要安心定性，敛神聚气。要做到这一点，打坐之举固然不可缺少，而无极桩行功之法更是不可废。"前辈还讲："诸君学习时，须于动静之中寻太极之益，于八卦、五行之中求生克之理，然后混七二之数，浑然成无极。心性神气，相随作用，则心安性定，神敛气聚，一身之中太极成，阴阳交，动静合，全身之四体百脉周流通畅，不粘不滞。"

您看前辈们对太极拳领悟得多么透彻。所以无极桩功法看似简单，练起来则不可轻视。其中妙用很多，需要您坚持练习，细细体会才行。因为此功法实为内炼之法，乃是静功中立势练法中的一门。而且您在站桩前必须懂得内气运行之法（即调息之法），方可练习。故此，最好请您先研习八段锦功法，待打下一些静功调息的基础后，再练无极桩功法为好。

无极桩功练习法：

双脚分开，与肩同宽，脚尖微向内扣，膝关节微曲（微曲是要双膝自然放松，不着力，不紧绷而已）；微收臀，两臂自然放松下垂；下颌微收，头颈竖直；眼观鼻，鼻观口，口问心；舌舐上颚（注：舌舐上颚不需用力，只是轻微抬起舌尖，接触到上颚而已）。

气运丹田：一吸一呼为一口，吸气不管，做功时吸气不必加意念，只是自然吸气而已。然后屏气吞咽口中生出的津液，同时徐徐将气呼出，并用意念好似将津液一点点送入下丹田；待气呼完时，仿佛吞咽之津液已运到下丹田。（此处要注意的是：深呼吸次数不要太多，如深呼吸次数过多会使身体有麻胀感，此感觉对身体不宜。）如此吞咽数次即可。

咽津法乃意念导引之法，您要参照前文"静功修炼"与"八段锦功法练习"为好。待机入定，一定要进入混混沌沌、空而不空的状态，真正达到无我之境地，待肾中真阳之气发动时，您自会感觉到后腰有股暖流向上升腾。此时必须静心专注，用意念扶持这股真气沿督脉上达于脑，然后再导引这股真气下行于下丹田，行周天功法采身中大药。此功法最好站半小时左右，当然要跟据本人的练功状态而定，时间的长短不是主要的。

无极桩姿势如下图：

您只要坚持着这样长久地练习下去，一定能做到心到意到，意到气到。此功再与拳术相结合，自会心神专一，精神与肉体相合，这就是道家所讲的形形相合之阶段，也就是我们的内形与外形的完整统一，这正像混元论所讲的："混元一气吾道成，道成莫外吾真形，真形内藏真精神，真精内藏气擎停。欲将形形求真形，须将真形合形形。真形合来有真诀，合到真形彻底灵。"

此拳理讲的是形形相合，即自身的内形与外形的完整统一。在武术界认为当修炼过的精神与修炼过的身体相合时，身体自会多一分"真力"，武术把这"真力"用于外，便是很好的防身御敌之力。而道教的"虚心炼神"是在自身形形相合的基础上，再与外界的神明相合相沟通，从而达到人与自然合一的状态，久之，待寿终功满便可真身出壳，得道成仙了。"虚心炼神"说到这里，肯定有人要问，"道长，什么才是炼'神'的关键所在？"我借老子的一句话来说："外其身而身修，忘其形而形存。如心空无碍，则神愈炼而愈灵；身空无碍，则神愈炼而愈精。炼到形与神而相涵，身与心而为一，形神俱妙，与道合真才是者。"

"形神俱妙，与道合真"，这是一个多么美妙的境界！当然，要想练到与道合真者的境界，就必须要从基础练起，即要从炼精化气的阶段入手。因为神必须依托精气的滋养才能存活，精气亏则会造成神的不足。故此，在炼神之前势必要以炼精化气为主。关于"神"，道教祖师做过这样的描述："神者乃最不可思议之物，变幻无方，出入无时。存神与存想不同，存想者，如存想百神之衣裳，冠带色之气，出于身中等法皆是。若存神，则无所想。不过将神光凝聚于一点，不敢漏之谓也。存神，不限于身中一处，亦不限在身内，有时亦存神于身外。故丹道步步皆以存神为用。"

不过，今人常会犯的一个错误就是"想当然"，其实凭空想象与真实印证过的结果是有天地之别的。譬如当今，大家都在探寻修炼法门，有些人最终归结为修心最重要，那么打坐、行善便成了一切修行者的首选，并成为大部分人修炼自我的开端。这种修炼方法在道教人士看来就显得有些荒唐。须知多少静修者盲目打坐，并在此法门栽过跟头。您看，最会打坐的莫过于和尚，然而据记载：当初达摩祖师云游到少林寺时，曾看到少林寺的和尚们因久坐而伤身，他们个个面带菜色，形容憔悴；这是因为和尚们长期单纯地打坐，违逆了阴阳之理，身体因长久的不动损伤了人体先天的真元所致。达摩祖师见状便说服和尚，并传授他们动功习练之法，用于强身健体。据少林拳派传人讲，这就是少林派拳法的由来。达摩祖师是否在此传过少林拳咱们先不论，但通过这个传说，便可知久坐伤身早在古时大家就认知了的。

所以道教的修炼者们首重动功，即练武修道，也就是从道家常说的炼精化气的阶段入手。因此阶段修炼时间最长，往往耗尽数年乃至十几年的时间才能将此身，随心意运行身中大道。如果这段功夫没做，打坐不过是妄图以心驭身，其结果往往是得不偿失的。许多人误以为自己的心力能够主宰一切，其实作为一个没有经过训练的肉体来讲，他的心力所能主宰的是十分有限的，而且有限到可怜的地步。而善于动功修炼者，随着他的功力精进，他的内心调控身体的能力也会不断加强，他练拳的行为能将内在的自然妙性渐渐唤醒，同时再合于妙慧之力，他不得功得道才怪呢！

您看，据《修道全指》中讲："盖武火者，即呼吸之气急重吹逼，采取烹炼也；而文火者，即呼吸之气，沐浴温养也。"以此说来，过去古人所称的"武火"其实就是指练武时的气息，而"急重吹逼"应是形容人在剧烈运动时的呼吸之气。同理，"文火"是指静功，"微轻导引"说的也就是练八段锦功法、无极桩等功法时微轻导引的气息状态而已。故此一动一静的修习方法及善用"文火"、"武火"者才是修真的关键所在。而太极拳就是在这一理论的基础上，所创造出来的无极生太极、动静兼练、形意结合、内外相合、上下相通的拳种。

在这贫道讲一个题外的话题。有一位养生专家发现乌龟寿命很长，他觉得学习乌龟可以长寿，退休后专门买了一只大乌龟养在家里，他每天观察乌龟的举动，然后模仿，乌龟怎么动，他也跟着怎么动，乌龟休息，他就闭目养神，乌龟爬，他也爬。慢慢的，他得了老年痴呆症。这个养生专家模仿乌龟养生的事例告诉我们，太过机械、不知变通的学习，好经也会念歪的。所以无极桩功法还是有师父在旁单独指导您练习才行。贫道又要老生常谈了，内功修炼是需要有"明师"指点的。因为这一点非常的重要，大家千万勿在一知半解的情况下想当然地练习，否则会遗憾终身的。

第八章　动静兼修的养生原理

太极拳是形神双练的，并认为静功能养"神"，动功能养"形"，所以太极拳功夫的养成是要结合动功、静功的。这里的"形"指的就是我们的形体，包括人体的脏腑、皮肉、筋骨、脉络及充盈其间的精血。道家认为只有形与神俱，才能形体不坏，精神不散，尽终其天年，度百岁乃去。道家还认为在人的生命进程中，"形"、"神"两者是密不可分的，"器者，乃生化之宅，器散则分之，生化息矣"。这里所讲的"器"也是指形体而言的，古人认为形体是神之宅，故叫作"器"，承载东西之意。如果形体不存在了，生命活动也就停止了。因此，养形也是养生的重要内容。而养神的好处上几章节已经说很多了，这里就不再重复。

明代著名的医家张景岳认为："阳动而散，故化气，阴静而凝，故成形。"因此，这里阳和阴是指物质的动与静、气化与凝聚、分化与合成等的相对运动，进而说明物质和能量的相互依存、相互转化的作用。自然界万物的产生、发展和变化，其实都离不开阴阳的相互作用。阳主动而散，可促进万物的气化。阴主静而凝，可促进万物的成形。化气与成形，是物质的两种相反相成的运动形式。阳的特点是主动，阳有气化功能，可以促进脏腑发挥正常的功能。阳性热，所以可以化阴为气。阴的特点是主静，阴性凝敛，所以可以凝聚而成形。有人会问人阴虚了，那喝水不就是最好的滋阴补阴手段吗？问题是喝水根本就补不上阴，因为没有阳的气化，水进不了我们的生命，所以阳气才是生命的根本。

具体来讲人体的正气是无形的，属阳；精、血、津液为有形的，属阴。阴精和阳气可以互相转化，简单来说，阳有化气的功能，可以把机体的物质化为无形的气，因此，阳以功能为主。而阴有成形的功能，可以把外界的物质合成自己的身体物质，因此，阴以形体为主。属阴的精、血、津液转化为气，就要依靠阳的气化作用；由气转化为精、血、津液，也离不开阴的成形作用。

肥胖症，身体某部位肥大，必然是这一部位的阳气不足以化气，于是形乃聚而成形。有句话说"十个胖子九个虚"，虚的就是阳气。如果用泻法来治疗肥胖，肯定是越泻越虚，越虚而越胖。肥胖症是要补阳的，阳气足了，自然就能进行化气的功能，慢慢地就能把多出来的肥肉气化掉。所以多运动生发阳气，才是治疗肥胖症的关键所在。医家认为所有的"阴成形"的慢性病，多属阳虚体质而生。阳气不足于抵抗邪气（邪气为阴，正气属阳），外邪因而客入机体，耗伤阳气，久之阳越虚而阴则越盛，聚痰血等阴物而成形，发为大病。《黄帝内经》说："积之始生，得寒乃生。"这句话说得非常清楚明白，治疗任何的"阴成形"的疾病，必须以扶阳气以化阴寒为主。这个"扶阳气以化阴寒"就全要靠运动了。因为适当的运动比吃药扶阳要好得多，人运动起来身体就活了，新陈代谢也就旺盛了，生命的潜能也就激发出来了。不运动身体的阳气就会不足，湿气就会淤积。比如死人泡在水中会膨胀起来，这是因为死人没有了阳气，不能气化水湿，水湿因而聚积胀大。活人与死人的最大的区别就在于活人有阳气，而死人没有阳气，死人只是一堆死阴而已。所谓生命，其实就是阳气。有了阳气的支持，我们的躯体才是活的。像我们的组织器官、躯体就是阴，喝的水也是阴，吃的饭也是阴，而目前我们的营养也不缺，所以阴是足够的，其实躯体缺少的是阳气，所以健康来源于运动，而不爱运动的人身体必定是亚健康的。

因此古人总结出不爱运动者有如下弊端：1. 伤肌肉。人不爱运动会导致肌肉松弛无力。而且肌肉松弛无力的人，身体的微循环也不会好，还会导致气血运行不畅。2. 伤脾胃。人不爱运动会导致气血运行不畅，气血运行不畅则脾胃运化功能也就相应的下降，这就能引起消化不良、便秘、痤疮等病。3. 伤心。心主血脉，人不运动血脉就运行不好，致血溢于脉外，这会导致冠心病、心血管疾病的发生。4. 伤颈。是指不运动导致气血淤滞则易引发颈椎病，故此叫伤颈。5. 折寿。人久坐不动阳气就会亏损，新陈代谢自然就降低了，人体抗疾病能力也会下降，这会影响人的寿命。

我们的形体属于阴，他的本性是易于静而难于动。形体这种好静而乏动的习性，常会使人发生食后始卧或终日稳坐的现象，长此以往就会造成气机郁滞、气血凝结，乃至损寿。"形"是我们生命活动的物质基础，形体的动、静状态与精、气、神的生理功能有着密切的关系。所以要想保养好我们的形体就需要锻炼，让它动起来，来加大精化气这一过程，这足可以解决气机瘀滞、气血凝结问题，如练法得当还可以壮大自身的气场。

武术前辈曾通过实践总结出"动能生阳，静能生阴"的道理，他们认为人体之气，不外乎阴阳二气，阴气主凉润、宁静、抑制，阳气主温煦、推动、兴奋，阴阳二气在人体里的升降交感、相互作用，激发和推动着机体物质与能量之间的相互转化，从而推动和调控着人体的生命进程，所以人本身就是一个阴阳对立的统一体。我们的身体里到处都充满了阴阳二气，父母的精血相媾，形成我们的生命体，阴阳二气存在于其中，滋生无数变化。气在人体内的运行与天地之气的运行相同，清阳之气上升，重浊之气下降。清阳之气上出于眼、耳、口、鼻等孔窍，浊阴之气下出于前阴、后阴二孔窍；清阳之气向外开，发肌肤腠理，浊阴之气向内归，藏于五脏。不仅我们的气是如此，就连气在人体内运行的通道——人体十二经络也是每一条阳经都有一条阴经与之相表里，它们内连脏腑，外连四肢百骸，进而又形成阴阳协调的奇妙搭配。人一旦养成好静恶动的习惯，就会阴淤阳衰，人体的阴阳平衡就会被打破，阴阳之气的升降宣肃就会受阻，人就会疾病缠身。中医曾讲："惟以血气流通为贵，形不动则精不流，精不流则气郁，人体运动则谷气得清，血脉流通，病不得生。"所以运动对身体是大有益处的。人在运动流汗的时候，体温在一升一降的过程中，能让血管更有弹性。尤其是冬天，更要坚持每天运动，而每次至少要持续半个小时以上，这样才能提高人体血液循环能力，刺激心肺功能，增强免疫力。运动时间短会没有效果，时间过长、过度运动却又会降低人体免疫力，使精神疲惫、体力恢复慢。所以人体需要运动，但也不能运动太过，不加保养。比如习练太极拳者，只懂得练拳而不懂得以静养神的方法来调理自己，则会过度地透支自身的体能，使内部像个空心萝卜似的，甚至过早夭折，这是因为内气长期外泄，内脏不得调养所造成的伤害。那么只懂得打坐炼气，而不知舒展筋骨以动养形也会损伤到自身的气机，也会给身体带来伤害。太极拳神形兼顾、动静兼修的练拳目的，是为了回到"形神合一"的生命本原上来。太极拳强调以动养形、动静结合、综合调摄，就是为了顺应天地和人体的自然规律来调养自己从而得功。

今人常会犯的一个错误就是"想当然"。凭空想象与真实印证过的结果是有天地之别的，有些修行者一味地只讲究"静修"，修行方式只停留在静坐、收心、放心，炼己、采药、炼用上，以为如此便可得到真诀，但他们忘了一个比较明显的问题,就是古人说的"以静修入道香,性光易得,命火难求"。特别是一些年龄稍长和身患陈疾者,如果只修静功,往往难以长久,身体会很快出现问题。

须知有多少静修者盲目打坐,并在此法门栽过跟头。传说当初达摩祖师云游到少林寺时,曾看到少林寺的和尚们因久坐而伤身,他们个个面带菜色,形容憔悴,这是因为他们长期单纯地打坐,违逆了阴阳之理,身体因长久不动损伤了人体先天的真元所致。达摩祖师见状便说服和尚,并传授他们动功习练之法,用于强身健体,这就是民间传说的少林拳法的由来。少林达摩祖师是否真传授过少林拳暂且不论,但通过这个传说,可见久坐伤身早在古时就是已被认知的了。有人说"千年的王八,万年的鳖",你看这两种动物就爱静养不爱动,照样活得长。其实这种说法是大错特错的。乌龟身上有230多块骨头,90多关节;人身上有206块骨头,230个关节。人身上那么多关节就是让你运动的。只有运动才能保证关节软骨的健康。关节软骨里没有血液供应,必须得吸收关节液才能营养,而关节液只有活动时才能大量分泌。

不运动、不出汗是违背人体生理规律的。人体出汗少,感冒、关节炎、失眠就会找上你,高血压等慢性病的发病率也是成倍增长,所以人体适量出汗才是健康的。汗的成分中,98%是水,2%中有尿素、尿酸、乳酸、盐分等。出汗不仅有给人体降温的功能,更为重要的是,人体内的许多垃圾,如乳酸、尿酸等;多余的氯化钠,甚至毒素,如重金属、化学物质等;还有许多脂肪等有机物质,是不能完全通过大便、小便排出体外的,必须通过汗腺排出。为此医家总结了出汗的8大好处:

1. **排毒防癌**

医家认为出汗是最好的排毒防癌方法。研究数据显示,汗液是体内砷、镉、铅、汞等有害物质的排出途径之一,在汗液中可以检测到与尿液中浓度相当的重金属成分,有时浓度甚至会比尿液还高。

2. **润肤护肤**

很多人脸上、后背等处经常冒痘痘,这就是由于皮肤毛孔不干净,堵塞毛孔造成的。出汗能去除堵塞毛孔的毒素,消除皮肤上的粉刺和痘痘。所以多练拳,出一些汗,你会感觉皮肤变得紧实细腻,有光泽了。

3. **减肥防慢性病**

练拳出汗还能消耗身体多余热量,有助于促进脂肪的分解,有一定的减肥作用。血管内的脂肪少了，自然高血压、高血脂等慢性病及心血管疾病的发生频率也会减少。

4. 提高免疫力

练拳出汗还有另一个惊人的好处，那就是提高身体免疫力。很多人为了提高免疫力经常会吃一些保健品，一些保健品所含成分不明，有些保健品含激素，反而抑制免疫系统。其实最好的方式就是科学地出汗。医家研究发现，汗液中含有的抗菌肽能有效地抵御病毒、细菌和真菌，抗菌肽能进入细菌的细胞膜，对其进行分解；出汗能有效地增强自身免疫力，提高抗菌抗病毒的能力。2013年发表在《美国国家科学院院刊》上的研究成果表明：皮离蛋白能够非常有效地对抗结核病菌和其他细菌。这种天然物质比抗生素更为有效，皮离蛋白这种天然的抗生素在微酸性的汗液中能够自然的被激活。

5. 促进消化

人有时往往会没食欲，不消化，这时促进消化最好的手段就是通过练拳运动出汗。因为出汗时会加快整个身体的代谢，有助肠道蠕动，改善消化。特别是对于有便秘的人来说，通过练拳出汗，对缓解便秘也有很大帮助。

6. 增强记忆力

练拳流汗对大脑会产生积极正面的效果，出汗会让人体细胞处于旺盛状态，还能让人的专注力得到大幅度提升，保持精神集中的状态，出汗还能增强记忆力，让大脑更有活力。

7. 稳定血压

练拳出汗有助于扩张毛细血管，加速血液循环，增加血管壁弹性，从而达到降低血压的目的。同时，练拳出汗加快了血液的循环，有助于消化系统和神经系统调节。所以，预防高血压除了饮食控制，练拳出汗就是最佳的疗养方式。

8. 防止结石

结石的形成主要是体内的磷酸镁等无机盐类在体内结晶沉积形成。而练拳出汗能有效排出体内盐分并保留骨骼中的钙质。这一生理过程能限制盐和钙在肾脏和尿液中堆积起来，而这正是结石的来源。练拳出汗的人会喝更多的水，从而也防止了结石的形成。

我们的心脏一天通过跳动要往外打10万次血，血出去后还得回到心脏，谁在起作用？全身的640块肌肉。只要肌肉运动，就会把血挤回心脏，我们的眼睛打开、闭上、再打开，眼皮使劲就能够把眼球上的血挤回心脏；我们走路，每走一步就相当于把脚上的血挤回心脏，所以你在练拳运动的同时增加了身体的血液循环也减少了心脏负担，从而也保养了心脏。

有些人吃完饭老打嗝，其实这是病。人吃五谷粮食，就会产生气，但是气一定要从后面排出来，练拳就能帮助你排气。发现自己肠道不好、胀气、积食、便秘，每天晚上吃完饭后坚持练拳运动半个小时到一个小时，胃胀、胃酸、肠道胀气自会减轻了。

医家讲生命在于运动，这句话强调的是运动对于生命健康的重要意义。据医家研究最新发现，运动对于危害生命的大敌——癌症，有明显的预防效果。人通过身体的活动，增加氧气的吸入，达到保健强身的目的。人的肺很有意思，吸得越多，吐得越快，肺张开得越大；吐得越快，张开得越大，吸进的量就越大，所以运动对提高肺的免疫力和弹性，提高肺部血管的通透率，保护肺部健康起了不可替代的作用，不过，这是需要在负氧离子多的环境下才有此作用，如果你在浓重的雾霾里运动会适得其反的！

通过上述理论总结出太极拳武道的修炼必须要首重动功。练武修道必须先从炼精化气的阶段入手，因此阶段修炼时间长，往往耗尽数年的时间才能随心意运行身中大道，如果这段功夫没做，是不可能仅凭打坐就能够"以心驭身"的。许多人误以为自己的心力能够主宰一切，其实作为一个没有经过训练的肉身来讲，其心力主宰是十分有限的。而善于动功修炼者，随着功力的精进，内心调控身体的能力也会不断加强，练拳的行为还能将内在的自然灵性渐渐唤醒，同时再合于敏慧之力，自会逐渐达到心到意到、身心一统的境界，内家拳形形相合将不是一个梦想。因此我祖父讲："天下之万理，莫不出于一动、一静"，所以懂得一动、一静之理才能真正明白太极功夫是如何养成的及太极拳的养生全命之道。

前文讲过"盖武火者，即呼吸之气急重吹逼，采取烹炼也；而文火者，即呼吸之气，沐浴温养也"的道理，故此一动、一静的修习方法及善用"文火"、"武火"者才是太极拳修真的关键所在。文、武火功夫的主要锻炼目的还是在修身养心、先固根本上。也就是"武火"积精以化气，"文火"积气以添神，最终结于丹鼎，会于黄庭，此丹无形无象，不过它灵妙不测，刚勇莫敌，为内丹之至宝，太极拳气力之根本也。所以动静兼修的锻炼方法才是太极拳得功、得道的唯一法门。

第九章　太极拳练习法

　　我祖父曾对我讲："学艺容易练艺难；练艺容易守艺难；守艺容易懂艺难。"守艺就是坚持练习拳法，终身不懈，需要学艺者有恒心不忘了就行了；而懂艺则要求明其拳法精髓，知其真谛，善其应用，这才能叫懂艺。因此大家在习练太极拳之前必须先要能明白它的拳理及要点才行。祖父讲："太极拳是相互关联，相互依存，相互促进，生生化化，循环往复，无终无始，周而复始，复归于无极之真的拳种。"他的"舍借敬中和"为道之体；"灵圆活展顺"为道之用；他的"粘俭"为道之术；而"空"则为道之归向。"习练者们须把拳理悟在心内，会在身中，反复实践，反复揣摩，这样您才能真正领悟到它的精髓。贫道还希望习练者们要把其精髓应用到日常生活当中去。这就是前辈们所讲的要以拳理来喻日常生活的真正含义。

　　太极拳前辈深知人能敬才能忍，因为能忍才能逆来顺受，才能言圆活顺遂，这样才能得顺化之道。人能舍才能有得，而人因为能舍才能顺其自然的得其所得。这些生活中的道理您不觉得与上述拳理有异曲同工之妙吗？所以您如得了拳中"中和"之要窍，一、能在练拳时轻灵飘逸，并在阴阳变化中得其所得，才能使自己打的拳法变化无穷。二、还能在日常生活中因势利导，随机应变。您看，太极拳能涉猎万象，他的含义万千，决非上述只言片语所能完全涵盖的，所以习练者应该认真去研习它。而太极拳的要点是：松、稳、慢、匀这四个字。松：是指机体内外都要松弛。内松是指要放松心、脑，在练太极拳前，要摒除一切杂念，使大脑的高级神经中枢不紧张，在松弛里得到休息和调整，发挥它对机体各系统的支配能力。外松是指要在练太极拳时全身要处于放松状态，一切姿势皆不用蛮力，无论做何姿势，全身都要做到"松"字，只有身体松下来了才能养体内的真气，才能用意念行气运力。如果周身松不下来，用了蛮力，真力将难以调动施展而且用蛮力练拳则是在耗散真气。稳：是指招式要稳，要中正，避免偏重，要使周身得到均衡的运动。慢：是指在练拳时，动作要稳，要不急不躁。匀：是指在练拳时姿势上要舒展大方，应该紧凑的要适当地紧凑，不可有团聚和气滞的动作，呼吸与姿势都要均匀平和。再者，练拳时要做到无定势。无定势是讲在练拳时不要有停顿，在动静变化之中，动作要绵绵不断，如同大海之波浪，此起彼伏。一旦中断则叫停滞，即落入旁门。故此在平时练拳时要保持一气贯穿，势势相连，没有间隙。而且在练拳时还要求心意专一，太极拳的每一动作都要求专注，举手投足所到之处，心与意无不相合，若做动作时不能圆活灵通，有丝毫的停滞，则内劲便会停留在筋骨血脉之间，难以做到前辈们讲的"气与心意随时动"之妙境。因心意专一能使真气灌输全身，达到一气运阴阳的效果，久练可生真正劲道，故此还需习练者注意才是。

大家要记住太极拳所有的动作运用，无不以圆为体，阴阳为用。他的攻守，粘走、开阖、动静、刚柔、弛张……其实这都是虚实、阴阳之用。故此有诗云：太极阴阳少人修，吞吐开合问刚柔。正隅收放任君走，动静变化何须愁。生克二法随招用，闪进全在动中求。轻重虚实怎的是，重里现轻勿稍留。只要大家参照上述拳理研习是不会出太大毛病的。太极拳是动功，而动功必须要有一定的运动量才能有加强炼精化气的效果，否则，您练了一趟拳连汗都没怎么出，这样的练拳法，不就等同于没练一般吗？再者无论是练外家拳还是内家拳，其实都是以搏击格斗为要的，所以在练拳时都要在心里设假想敌，因此练太极拳也不例外。我记得有人曾问我："道长，有人说民间武术不实用、打不过练散打的，这个您怎样看？"贫道当时对这个问题觉得很感慨，所以就这样回答他道：……现在的民间武术打不过练散打的，不是因为真正的民间武术不实用，这只能说明民间武术里遗失的东西太多了。要知道中国民间的传统武术，是中华民族的瑰宝，咱们的祖先就是用它来防身护国的。但现在民间的传统武术随着老武术家们的相继去世，到现在还能保留下多少精华？华夏民族与世界上其他民族来比，有我们自己人种的特点。论到我们的体质，的确不能算是体力胜出、身材强悍的。所以咱们的祖先是用智慧及技巧来赢得世界人民尊重的。因此传统武术这里面既有增长力量、速度、抗击打能力、提高反应力等训练，又有祖先们用几千年的时间及经验总结出来的杀敌防身的智慧，所以武术是技巧型的，而非用蛮力的。故此中华武学才能在世界独树一帜，源远流长。再看看现在的武林现状，怎能不让人觉得可惜呢！今人有这么好的武学智慧不去学，愣让民族瑰宝遗失，反而去学洋玩意儿……这就像有合脚的鞋不穿，强要去穿外国人的大号皮靴一样，小脚穿大鞋您能走好路吗？您看现在的竞技运动，基本上是凭体力，靠力量来取胜的，里面技巧性的东西很少。这样一来以中国人的体质，如遇到体力强大的、身材健硕的外国拳手你又该如何对付？——所以我们应该回归本源，重新捡起真正的民族瑰宝"传统武术"来。

下面我就给大家讲讲太极拳的基本练习法，——至于每招每式里的技击内涵，需要学员在有一定武学基础的前提下由老师口传心授、调整授课内容，故我就不用此处的篇幅做阐述了：

八方图

乾	坎	艮
採	掤	肘
兑		震
挤		按
坤	离	巽
挒	捋	靠

五位图

	水	
	退	
金	土	木
盼	定	顾
	火	
	进	

注：

练习太极拳，首先注重的不是手脚动作，而是要明白拳法中的方位之妙，了解"八方""五位"的奥义。

八方即是八卦，五位即指五行。太极拳法之方向，有奇正，有八方，其姿势由首至尾，势势合于易理，动静便有奇正。拳谱载坎离震兑四正方，即以喻掤捋挤按；乾坤艮巽四斜角，亦即采挒肘靠。不仅四隅四正可喻八卦，在各姿势中，也各有奇正，一奇正即二卦。

太极之步法，有五位，五位即五步之代名词，五步即以喻五行。五行即金木水火土，五行又具五性互相生克，因以喻进退顾盼定五者。前进喻火，言其一发便至，令人不及掩耳、闭目，如世俗之事急者，曰火速火急等类似；后退喻水，水曰润下，平则停滞，俯则随转；左顾喻木，以木有曲直形，梢齐根坚，一枝莫动，百枝不摇；右盼喻金，金属从革，为最坚固之物，金于五行中，则位于西，顾右盼属之；中定喻土，土于五行，位于中央，以其圆满、厚实，喻万物之生于土。太极拳的姿势，每一动作，此五行之作用具备。所谓不动如山，动如雷霆，退如流星，左顾右盼，上下前后，无不贯通。

方位图示一（图）

如图所示，面向南方，站立在太极图的中央，沿东西线向西演练。

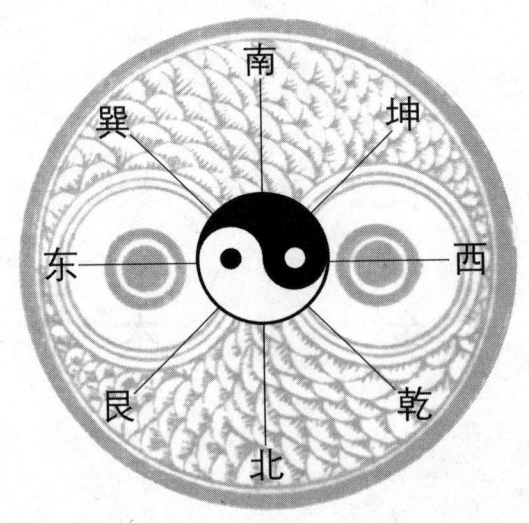

第一势　无极桩功法

动作一：参见前文无极桩功法练习。

【注：在演练太极拳之前，必须先站无极桩，并最好达到混混沌沌之状态。古人曾讲"练太极拳必须心静。人心不静则不能专注，一举手、一抬足则前后左右全无定向，当然气血也很难随心意运转。祖父曾讲：在练拳前要去除现代都市人的浮躁，故要求在练太极拳前先得站无极桩来收心纳气。——若您要是去表演，就没必要站无极桩了。无极桩姿势又可成为太极拳表演的预备势，其实两者姿势相同。】（如图）

动作二：无极生太极，由无极桩出定后，睁开双目，进入到太极状态。（如图）

第二势　起势

动作一：两脚蹬地，同时双手缓缓向正前方提起，掌心向下，提至与肩平齐。同时双腿随双臂的抬起而伸直。舌舐上颚。目视正前方。（如图）

动作二：以身体带动双手回收，向身体方向由上而下画立圆，双手由胸前缓缓按压到腹前。身体随之下蹲至不能再蹲为止。目视正前方。【注：下蹲时要保持上身的中正，臀部微收，尾闾与地面垂直。】（如图）

要点一：双手的抬起与下压的运动轨迹，为由下至上，再由上至下画一立圆。

要点二：双臂抬起时深吸气，随着双臂与身体的下蹲呼气，将真气慢慢运至丹田。【注：吸气时自然吸入，不用意念控制，腹部内收；呼气时气息缓慢呼出，以意念控制，好似有气运至丹田，腹部微微鼓起。即逆腹式呼吸。】

要点三：身体的升降运动要符合六合之要求，即肩与胯合、肘与膝合、手与足合，此为外三合；内三合是心与意合、意与气合、气与力合。

第三势　开门势（又叫手分阴阳）

动作一：双手缓缓向正前方抬起至胸前，掌心相对。双腿保持弯曲下蹲。（如图）

动作二：双手内旋，掌心朝外，向身体的两侧同时缓缓分开，如同开门状一般用力。下盘不变。（如图）

【注：从开门势开始，演练时要求自然呼吸，不可屏气。】

第四势　左揽雀尾势

动作一：身体微向右侧旋转，左脚内扣。同时，双手沿逆时针方向画立圆至身体右侧，掌心上下相对，如同抱球状。目视巽位方向。（如图）

动作二：移动身体重心到右脚，收左脚微向右脚靠拢后迅速向巽位方向迈出；身体重心随之前移，双腿呈三七劲，右腿占七成，左腿占三成。上身保持不动。目视巽位方向。（如图）

动作三：身体重心继续向左脚移动，呈左弓步。同时右掌从上至下好似轻抚大鸟之羽毛至右胯处。目视巽位方向。【注：左手与身体微成圆形，做揽雀尾动作时此臂保持不动，此势的关键在于身体重心的转移。】（如图）

第五势　掤势

动作一：身体重心移动到右腿，双掌向身体左右两侧分开。（如图）

动作二：双手画弧收回至小腹前交叉，左手背搭于右腕之上。【注：左手背搭右手腕要搭实。】同时移动身体重心到左脚，左腿弯曲下蹲；收右脚向左脚靠拢。转头目视西方。（如图）

动作二：右脚向西方迈出，呈右弓步。随右脚的迈出，身体向右转，双手沿顺时针方向由下至上画弧，至于体前与头平齐处。目视西方。（如图）

第六势　捋势

动作一：左脚向右脚跟进半步；身体重心微后移，左腿弯曲。（如图）

动作二：双掌分开，掌心相对，继续沿顺时针方向画弧，至身体右胯外侧。同时身体重心后移落于左脚，左腿弯曲下蹲；右脚尖翘起，脚跟着地。（如图）

第七势　挤势

动作一：含胸，同时身体后坐。右手掌继续画弧内穿，经腹前与左手交叉于身体的左侧，左手背搭于右手腕处。（如图）

动作二：右脚向西方迈出，呈右弓步。右臂与身体同时向正前方挤出。（如图）

要点一：左手背与右手腕要搭实。
要点二：向前挤时，胸微含，右臂弯曲，以右肘向前击出。
要点三：掤捋挤三势，要求双手从身体的左侧开始由下至上，再由上至下运动，实际上是双手从身体左侧开始沿顺时针方向画一横圆而已。

第八势 按势

动作一：右手臂向身体左下侧斜插；同时左手掌顺右臂向下搂刨。【注：其目的护住右肘部。】（如图）

动作二：双手左右分开至身体两侧。（如图）

动作三：左脚向前跟半步。（如图）

动作四：双掌由下至上提起，提过头顶。（如图）

动作五：然后身体重心后坐落于左脚，左腿弯曲下蹲，承担重力；右脚尖翘起，脚跟着地。双掌随之由上至下落于腹前。（如图）

动作六：右脚向前迈一步，呈右弓步。同时双掌由下向上向前推出。目视西方。（如图）

要点：此势实际上是双掌从下至上，再从上至下，向前画立圆。

第九势　大捋势

动作一：向身体的左侧转身，右脚尖内扣，双手下落于身体右侧。（如图）

动作二：左脚迈向艮位方向呈半弓步。同时双手沿逆时针右下向上画圆。（如图）

动作三：双手继续画圆至体前。双脚呈左弓步。（如图）

动作四：身体重心后移，双腿呈三七劲，右腿占七成，左腿占三成。双手好似拔河状向回用寸劲带出，落在体前。（如图）

要点：在做大捋动作时，双眼要随双手的运动轨迹移动。

第十势　单鞭势

动作一：身体重心继续后移，落于右脚，右腿弯曲。同时收左脚至右脚内侧，脚尖虚点落地。双手继续向后画圆，右臂伸直，右手变勾手，置于身体侧后方；左手翻掌向上置于右肩前。目视坤位方向。（如图）

要点一：在身体重心前后移动的过程中，不可上下起伏，需保持在同一高度上。

要点二：大捋势与单鞭势的动作一，实际上是双手由上至下，再由下至上画一个立圆。

动作二：左脚向艮位方向迈出，呈左弓步。同时左掌呈立掌，用手掌的侧面向体前击出；右臂不动。目视艮位方向。（如图）

要点：左臂要沉肩坠肘，不要向前伸得太直。

第十一势　合右琵琶势

动作一：身体向南方微转，脚尖内扣。左手沿顺时针、右手沿逆时针方向同时向体前画圆，置于胸前。（如图）

动作二：双手继续画圆，向身体两侧外刨。右脚随双手外刨之力带动抬起向南方伸出，脚尖翘起，脚跟虚点落地；身体重心落于左脚，左腿弯曲下蹲，承担重力。（如图）

动作三：同时双手继续画圆合于胸前，右手在前，左手护于右肘处。【注：双臂注意沉肩坠肘，不要向前伸得太直，胸微含。】目视南方。（如图）

要点：在双手由体侧向上画圆时，身体重心随之提起，并随双手的前合

而动。

方位图示二（图）

至此，以下动作是沿东西线向东演练。

第十二势　开门势

双手同时外旋，双手掌心朝外，向身体的两侧同时分开，如同开门状一般用力。下盘保持不变。（如图）

第十三势　转身撩阴掌势

向左侧转身；身体下蹲，胸微含，重心落于左腿，承担重力；伸出右腿向东方，脚尖虚点落地。同时，右掌向下，经身体右侧向正前方击出，击向对方裆部；左手同时搭于右臂肘窝处。目视东方。（如图）

要点：掌向对方裆部击打时，身体尽可能下蹲。

第十四势　提手上势

动作一：右手翻掌下按；身体重心前移至右脚。（如图）

动作二：左手向下刨出。（如图）

动作三：左手落于左胯外侧，掌心向下。右手上提至头部右前方。左脚

向前伸出，脚尖虚点落地；身体下蹲。目视东方。(如图)

第十五势　白鹤亮翅势

双手带动身体同时上提，下盘保持不变。目视东方。(如图)

第十六势　左搂膝拗步势

动作一：前脚掌落实，右脚向身后跨半步。同时右手沿逆时针方向捋至身体的右外侧，左手自然下落。身体随之右转。(如图)

动作二：身体左转，左手沿顺时针方向经体前画弧，向身体左侧刨出。（如图）

动作三：身体左转，左手搂过左膝至身体左侧，右掌从右耳后由上至下画圆击打，至于胸前。双脚呈拗势步。【注：右臂注意沉肩坠肘。】目视东方。（如图）

第十七势　支左琵琶势

动作一：右腿向前跟半步，同时左手伸向右腋下。（如图）

动作二：左手沿右臂下方向前支出。随左手的支出，同时左脚向前伸出，身体重心落于右脚，下蹲，右腿承担重力；脚尖翘起，脚跟虚点落地。右掌随之收回至左肘内侧，护住左肘。【注：双臂注意沉肩坠肘，不要向前伸得太直，胸微含。】目视东方。（如图）

第十八势　左搂膝拗步势

动作一：前脚掌落实，右脚向身后跨半步。同时右手向后捋至身体右外侧，左手沿顺时针方向向体前画弧。身体随之右转。（如图）

动作二：身体左转，同时左手沿顺时针方向经体前画弧，向左侧刨出。（如图）

动作三：左手搂过左膝至身体左侧，右掌从右耳后由上至下画圆击打，至于胸前，双脚呈拗势步。【注：右臂注意沉肩坠肘。】目视东方。（如图）

第十九势　右搂膝拗步势

动作一：右脚向东方迈出一步，身体随之左转。右手掌沿逆时针方向经体前画弧至体前，左手自然向后抬起。（如图）

动作二：身体右转，同时右手掌继续向下画弧，向右侧刨出。（如图）

动作三：右手搂过右膝至身体右侧，左掌从左耳后由上至下画圆击打，至于胸前，双脚呈拗势步。【注：左臂注意沉肩坠肘。】目视东方。（如图）

第二十势　左搂膝拗步势

动作一：左脚向东方迈出一步，身体随之右转。左手掌沿逆时针方向经体前画弧，右手自然向后抬起。（如图）

动作二：身体左转，左手掌继续向下画弧，向左侧刨出。（如图）

动作三：左手搂过左膝至身体左侧，右掌从右耳后由上至下画圆击打，至于胸前，双脚呈拗势步。【注：右臂注意沉肩坠肘】目视东方。（如图）

第二十一势　支左琵琶势

动作一：右腿向前跟半步，同时左手伸向右腋下。（如图）

动作二：左手沿右臂下方向前支出。随左手的支出，同时左脚向前伸出，身体重心落于右脚，下蹲，右腿承担重力；脚尖翘起，脚跟虚点落地。右掌随之收回至左肘内侧，护住左肘。【注：双臂注意沉肩坠肘，不要向前伸得太直，胸微含。】目视东方。（如图）

第二十二势　迎面掌势

动作一：下盘保持不动，双手掌沿逆时针方向画一圆。（如图）

动作二：然后双手后收，右手置于右耳后，左手掌画至面前。同时重心后移。（如图）

动作三：收左脚向右脚靠拢，然后左脚迅速向东方迈出一步，同时身体向左侧转体。右掌向正前方击出，击向敌方面门；左掌收回，护于自己的面门处，掌心向外。双脚呈拗势步。（如图）

第二十三势　进步撇身捶势

动作一：身体向左侧转体，掩裆，微下蹲。同时右手下落于身前成拳；左手护于右肩处。（如图）

动作二：右脚向东方迈出一步呈弓步。同时右臂伸直，以拳背由下向上画弧撇打，向正东方击打至与肩同高处；左手落于左胯外侧成拳。目视东方。（如图）

第二十四势　进步搬拦捶势

动作一：身体重心后移至左脚，左腿弯曲下蹲；右脚向北方跨出一步，脚尖向东方外掰。随身体的后移右臂收回体侧，再随右脚的迈出，以肘关节为轴，顺时针方向画弧至身体右侧搬住对方。（如图）

动作二：向右转体，左脚迅速向东方迈出呈弓步。左拳变掌，随身体的转动由下向上，向东方拦出至体前；右拳落于右胯后侧。（如图）

动作三：身体向左侧转身。同时右拳经右胯向前摆打至正前方，左手立掌搭于右腕处。目视东方。（如图）

第二十五势　如封似闭势

动作一：右脚向东方跟进半步。同时左手收至右腋下。（如图）

动作二：左手沿右臂下方向前支出。随左手向前支出，身体后坐，拉动左脚后撤，重心移至右腿。右臂后撤，右手护于左臂内侧。（如图）

动作三：双手由下至上提起，提过头顶。（如图）

动作四：双手由上至下落于腹前。随双手的下落，身体重心后坐落于右脚，右腿弯曲下蹲，微收左脚。（如图）

动作五：右脚蹬地，推动左脚向东方迈出一步，呈弓步。同时双掌由下向上向前推出。目视东方。（如图）

方位图示三（图）

以下动作是沿巽乾线向乾位方向演练。

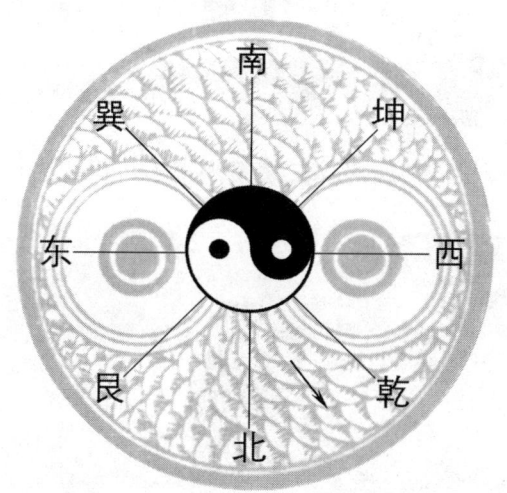

第二十六势　十字手势

动作一：向右侧转体九十度，面向南方，双脚平行，与肩同宽。双手自然下落，于腹前交叉呈十字，左手在内，右手在外，掌心向内。（如图）

动作二：左手沿逆时针、右手沿顺时针方向，双手于体前分开，同时向身体两侧画圆上架。（如图）

动作三：双手画圆下落，身体随之下蹲至不可再蹲为止。（如图）

动作四：双手继续画圆至面前交叉呈十字手架住对方，左手在内，右手在外，掌心向内，双腿直立。目视南方。（如图）

要点：身体下蹲时应保持上身的中正直立，不可前倾或后仰。

第二十七势　转身右搂膝拗步势

动作一：双掌内扣，向左右分开。身体随之自然向右侧转身。（如图）

动作二：右手掌沿逆时针方向画弧，向右侧刨出，左手自然画弧收于左耳后。同时身体向右侧转体，右脚向乾位方向迈出一步，内扣呈反弓步。（如图）

动作三：右手掌经体前搂过右膝至身体右侧；左掌从左耳后由上至下画圆击打，至于胸前。【注：左臂注意沉肩坠肘。】同时身体向乾位方向转体，双脚呈拗势步。目视乾位方向。（如图）

第二十八势　左抱虎归山势

动作一：左臂继续向前探出，同时右臂向体后侧伸展。（如图）

动作二：右臂由后向上画圆，左手向下、向怀中回抱，双臂同时压抱住对方。身体重心随右臂移动，双脚呈右弓步。（如图）

动作三：转体身体后坐，重心落于左脚；双手抱住对方至身体左胯处，目视乾位方向。（如图）

第二十九势　掤势

右脚向乾位方向迈出，呈右弓步。随右脚的迈出，身体微向右转，左手背搭实右腕，双手沿顺时针方向由下至上画弧，至于体前，双掌与头平齐。目视乾位方向（如图）

第三十势　捋势

动作一：左脚向右脚跟进半步；身体重心微后移，左腿弯曲。（如图）

动作二：双掌分开，掌心相对，继续沿顺时针方向画弧，至身体右胯外侧；同时身体重心后坐落于左脚，左腿弯曲下蹲；右脚尖翘起，脚跟着地。（如图）

第三十一势　挤势

动作一：含胸，同时身体后坐，右手掌继续画弧内穿，经腹前与左手交叉于身体的左侧，左手背搭于右腕处。（如图）

动作二：右脚向乾位方向迈出，呈右弓步；右臂与身体同时向正前方挤出。（如图）

要点一：左手背与右手腕要搭实。

要点二：向前挤时，胸微含，右臂弯曲，以右肘向前击出。

要点三：掤捋挤三势，要求双手从身体的左侧开始由下至上，再由上至下运动，实际上是双手从身体左侧开始沿顺时针方向画一横圆而已。

第三十二势　按势

动作一：右手臂向身体左下侧斜插；同时左手掌顺右臂向下搂刨。【注：其目的护住右肘部。】（如图）

动作二：双手左右分开至身体两侧。左脚向前跟半步。（如图）

动作三：双掌由下至上提起，提过头顶。（如图）

动作四：然后身体重心后坐落于左脚，左腿弯曲下蹲，承担重力；右脚尖翘起，脚跟着地。双掌随之由上至下落于胸前。（如图）

动作五：右脚向前迈一步，呈右弓步；同时双掌由下向上向前推出。目视乾位方向。（如图）

要点：此势实际上是双掌从下至上，再从上至下，向前画立圆。

方位图示四（图）

至此，以下动作是沿东西线演练。

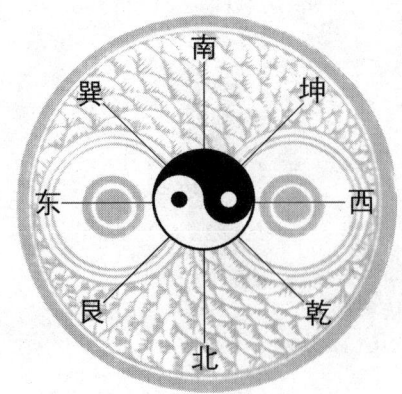

第三十三势　转身撩阴掌势

动作一：左掌沿身体左侧顺时针方向画圆后，向正南方向刨出；右掌自然下落于身体后侧。同时转身左脚向正南方向迈出。（如图）

动作二：身体向左侧转体，右掌向下，经身体右侧向正前方击出，击向敌方裆部；左手由上向下搭于右臂肘处；双脚并拢，身体下蹲，胸微含，重心落于左腿，同时，目视东方。（如图）

第三十四势　提手上势

动作一：右手翻掌下按；身体重心移至右腿。左手向下刨出。（如图）

动作二：左手落于左胯外侧，掌心向下；右手上提至头部右前方；左脚向前伸出，脚尖虚点落地；身体下蹲。目视东方。（如图）

第三十五势　白鹤亮翅势
双手带动身体同时上提，下盘保持不变。目视东方。（如图）

第三十六势　肘底捶势
动作一：左脚落实，右脚向身体后方撤一步，重心后移，身体随之向右侧转体。双手下落于身体两侧。（如图）

动作二：左脚向东方进半步，呈左弓步。同时左掌由下向上，呈立掌迅速拦于体前，右手变拳。（如图）

动作三：转体右拳经右胯向前摆打至胸前，左手立掌护于右前臂处。面向东方，双腿呈拗势步。（如图）

要点：此势用的是太极拳的引进落空之法；当我方以白鹤亮翅迎架住对方击来的掌或拳后，突然撤力，给对方以空隙，引诱对方进攻。当敌方中招进攻时，我方迅速搬住对方的肘部，以右拳上前击打。此招法必须沉着镇静，一气呵成，方可奏效。

第三十七势　右倒撵猴势

身体右转九十度，重心后移至右脚，右腿弯曲；左脚脚尖翘起。同时右手变掌，如抽丝般向后画圆拉出，至身体侧后方变勾手；左掌向前推展，目视东方。（如图）

第三十八势　左倒撵猴势

动作一：右手变掌，经右耳后向前画圆击打。左掌收回至右腹前，形成双手合抱之力。同时迅速抬起左腿，身体左转九十度，左脚置于右膝前，重心落于右腿，单腿支撑。目视东方。（如图）

动作二：左脚迅速后落，身体重心移至左腿，左腿弯曲。右脚脚尖翘起。同时左手变掌，如抽丝般向后画圆拉出，至身体侧后方变勾手；右掌向前推展。目视东方。（如图）

第三十九势　右倒撵猴势

动作一：左手变掌，经左耳后向前画圆击打。右掌收回至左腹前，形成双手合抱之力。同时迅速抬起右腿，身体右转九十度，右脚置于左膝前。重心落于左腿，单腿支撑，目视东方。（如图）

动作二：右脚迅速后落，身体重心移至右腿，右腿弯曲，左脚脚尖翘起。同时右手变掌，如抽丝般向后画圆拉出，至身体侧后方变勾手。左掌向前推展，目视东方。（如图）

要点："倒撵猴"所用的劲道就是太极拳理中所讲的"运劲如抽丝"之力，用此劲要注意两点：第一是动作变换之间的连贯性；第二要注意意念的导引，双手的分开想象着如同抽丝之状。

第四十势　左揽雀尾势

动作一：身体微向右侧旋转，移动身体重心到右脚，收左脚向右脚靠拢。同时，左手向下、右手向上画弧至身体右侧，双手掌心上下相对，如同抱球状，目视巽位方向。（如图）

动作二：左脚迅速向巽位方向迈出，身体重心随之前移，双腿呈三七劲，右腿占七成，左腿占三成。上身保持不动，目视巽位方向。（如图）

动作三：身体重心继续向左脚移动，呈左弓步，同时右掌从上至下好似轻抚大鸟之羽毛至右胯处，目视巽位方向。【注：左手与身体微成圆形，做揽雀尾动作时此臂保持不动，此势的关键在于身体重心的转移。】（如图）

第四十一势　合右琵琶势

动作一：左手沿顺时针、右手沿逆时针方向同时向体前画圆，下刨。身体重心后移，呈三七劲，右腿占七成，左腿占三成。（如图）

动作二：双手继续向身体两侧画圆上支，带动身体上提，身体重心前移至左脚。（如图）

动作三：收右脚向南方伸出，身体下落，左腿弯曲下蹲，承担重力；右脚脚尖翘起，脚跟虚点落地。随身体的下落，双手合于胸前，右手在前，左手护于右肘处。【注：双臂注意沉肩坠肘，不要向前伸得太直，胸微含】目视南方。（如图）

第四十二势　开门势

双手同时外旋，双手掌心朝外，向身体的两侧同时分开，如同开门状一般用力，下盘保持不动。（如图）

第四十三势　转身撩阴掌势

向左侧转身；右掌向下，经身体右侧向正前方击打，击向对方裆部。左手由上向下搭于右臂肘窝处，身体下蹲，胸微含，重心落于左腿，左腿弯曲承担重力。同时，伸出右腿向东方，脚尖虚点落地，目视东方。（如图）

要点：掌向对方裆部击打时，身体尽可能下蹲。

第四十四势　提手上势

动作一：右手翻掌下，身体重心前移至右脚。（如图）

动作二：左手向下刨出。（如图）

动作三：左手落于左胯外侧，掌心向下。右手上提支架至头部右前方。同时，左脚向前伸出，脚尖虚点落地。身体微下蹲，目视东方。（如图）

第四十五势　白鹤亮翅势

双手带动身体同时上提支架，中心前移，目视东方。（如图）

第四十六势　左搂膝拗步势

动作一：前脚掌落实，右脚向身后跨半步，同时右手沿逆时针方向捋至身体的右外侧，左手沿顺时针方向向体前画圆，身体随之右转。（如图）

动作二：身体左转，左手沿顺时针方向经体前画圆，向身体左侧刨出。（如图）

动作三：左手搂过左膝至身体左侧，右掌从右耳后由上至下画圆击打，至于胸前。双脚呈拗势步【注：右臂注意沉肩坠肘】目视东方。（如图）

第四十七势　海底针势

动作一：右腕下沉格挡住对方。（如图）

动作二：右手沿顺时针方向画立圆，同时重心落于左脚，收拢右脚落于左脚旁。（如图）

动作三：身体向下弯曲，下蹲，随身体的下落，右手画圆下落于两脚间，如捡拾物品状。（如图）

动作四：身体向上抬起。同时右掌随之上提，与头同高，目视东方。（如图）

动作五：右掌下插至身体前方，身体随之下蹲。（如图）

第四十八势　扇通臂势

动作一：右臂伸直向上格架，同时身体向上抬起。（如图）

动作二：右手翻腕向外变拳，向后拉回至头部后方。（如图）

动作三：左手经胸前向前击打，同时左脚向东方迈出一步，呈左弓步，目视东方。（如图）

第四十九势　转身双撇捶势

身体向后转向西方并用下压之力量，重心随之移向右腿，呈右弓步。同时双臂沿顺时针方向画弧，向下砸打于体前，左掌护于右肘处，目视西方。（如图）

第五十势　左抱虎归山势

动作一：左手翻掌向前推出，右臂向体后侧伸展，由下向上画圆。（如图）

动作二：双手向前压抱，身体重心随右臂而移动，呈右弓步，目视西方。（如图）

动作三：微转体身体后坐，重心落于左脚。双手抱住对方至身体左胯处。（如图）

第五十一势　进步搬拦捶势

动作一：右脚向南方跨出一步，脚尖向西方外撇。同时右臂以肘关节为轴，顺时针方向画圆至身体右侧搬住对方。左手变拳，自然摆于身体左后侧，目视西方。（如图）

动作二：向右转体，左脚迅速向西方迈出呈弓步。左拳变掌，随身体的转动由下向上，向西方拦出至体前。右拳落于右胯后侧，目视西方。（如图）

动作三：身体向左侧转身，同时右拳经右胯向前摆打至正前方，左手立掌搭于右前臂处，目视西方。（如图）

第五十二势　右倒攆猴势

身体右转九十度，重心后移至右腿，右腿弯曲，左脚脚尖翘起。同时右手变掌，如抽丝般向后拉出，至身体侧后方变勾手。同时左掌向前推展，目视西方。（如图）

第五十三势　左斜飞势

动作一：左脚收回，脚尖虚点落于右脚内侧。右腿弯曲下蹲。左手向下，右手向上，双手同时画弧收于身体右侧，掌心相对，呈抱球状。（如图）

动作二：左脚向坤位方向迈出，呈弓步。同时左手沿逆时针方向画弧向外展出。（加图）

动作三：然后左手向外旋转，同时带动身体前移，右手落于右胯外侧。右脚向左脚靠拢，目视西方。（如图）

第五十四势　掤势

右脚迅速西方迈出，呈右弓步。随右脚的迈出，双掌下落至小腹前交叉，左手背搭于右腕之上。【注：左手背搭右手腕要搭实。】双手沿顺时针方向由下至上画弧掤架，至于体前与头平齐处，目视西方。（如图）

第五十五势　捋势

动作一：左脚向右脚跟进半步，身体重心微后移，左腿弯曲。（如图）

动作二：双掌分开，掌心相对，继续沿顺时针方向画弧，至身体右胯外侧。同时身体重心后移落于左脚，左腿弯曲下蹲，右脚尖翘起，脚跟着地。（如图）

第五十六势　挤势

动作一：含胸，同时身体后坐。右手掌继续画弧内穿，经腹前与左手交叉于身体的左侧，左手背搭于右手腕处。（如图）

动作二：右脚向西方迈出，呈右弓步。右臂与身体同时向正前方挤出。（如图）

要点一：左手背与右手腕要搭实。

要点二：向前挤时，胸微含，右臂弯曲，以右肘向前击出。

要点三：掤捋挤三势，要求双手从身体的左侧开始由下至上，再由上至下运动，实际上是双手从身体左侧开始沿顺时针方向画一横圆而已。

第五十七势　按势

动作一：右手臂向身体左下侧斜插，同时左手掌顺右臂向下搂刨。【注：其目的护住右肘部】（如图）

动作二：双手左右分开至身体两侧，左脚向前跟半步。（如图）

动作三：双掌由下至上提起，提过头顶。（加图）

动作四：然后身体重心后坐落于左脚，左腿弯曲下蹲，承担重力。右脚尖翘起，脚跟着地，双掌随之由上至下落于腹前。（如图）

动作五：右脚向前迈一步，呈右弓步。同时双掌由下向上向前推出，目视西方。（如图）

要点：此势实际上是双掌从下至上，再从上至下，向前画立圆。

第五十八势　大捋势

动作一：向身体的左侧转身，右脚尖内扣，双手一合下落至身体右侧。（如图）

动作二：左脚迈向艮位方向迈步，呈半弓步，同时双手沿逆时针向上画圆。（如图）

动作三：双手继续画圆至体前，双脚呈左弓步。（如图）

动作四：身体重心后移，双腿呈三七劲，右腿占七成，左腿占三成。双手好似拔河状向回用寸劲带出，落在体前。（如图）

要点：在做大捋动作时，双眼要随双手的运动轨迹移动。

第五十九势　单鞭势

动作一：身体重心继续后移，落于右脚，右腿弯曲。同时收左脚至右脚内侧，脚尖虚点落地。双手继续向后画圆，右臂伸直，右手变勾手，置于身体侧后方。左手翻掌向上置于右肩前，目视坤位方向。（如图）

要点一：在身体重心前后移动的过程中，不可上下起伏，需保持在同一高度上。

要点二：大捋势与单鞭势的动作一，实际上是双手由上至下，再由下至上画一个立圆。

动作二：左脚向艮位方向迈出，呈左弓步。同时左掌呈立掌，用手掌的侧面向体前击出。右臂不动，目视艮位方向。（如图）

要点：左臂要沉肩坠肘，不要向前伸得太直。

方位图示五

以下动作是沿坤艮线向艮位方向演练。

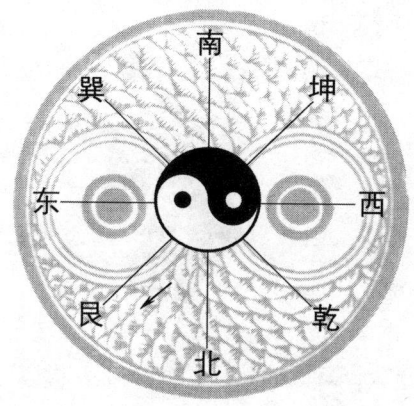

第六十势　右云手势

右臂在身体前侧沿顺时针方向画圆，护住面部旋转，至身体右外侧。同时以腰部为轴向右侧转身，左脚尖内扣，身体重心随之移动，双腿呈三七劲，右腿占七成，左腿占三成。随右手的运动，左手沿逆时针方向画圆下落击打，击至裆前，目视右掌心。（如图）

第六十一势　左云手势

左臂在身体前侧继续沿逆时针方向画圆，护住面部旋转，至身体左外侧。同时以腰部为轴向左侧微转，带动右脚向左脚靠拢，虚点落地，身体下蹲。

随左手的运动,右手继续沿顺时针方向画圆下落击打,击至左裆前,目视左掌心。(如图)

第六十二势　右云手势

右臂在身体前侧继续沿顺时针方向画圆,护住面部旋转,至身体右外侧。同时以腰部为轴向右侧转身,重心移至右腿,左脚虚点,身体下蹲。随右手的运动,左手继续沿逆时针方向画圆下落击打,击至右裆前,目视右掌心。(如图)

第六十三势　左云手势

左臂贴身在身体前侧继续沿逆时针方向画圆,护住面部旋转,至身体左外侧。同时左脚向艮位方向迈出一步呈半弓步。随左手的运动,右手继续沿

顺时针方向画圆下落击打，击至左裆前。目视左掌心。（如图）

第六十四势　右云手势

收右脚向左脚靠拢，虚点落地。右臂贴身在身体前侧继续沿顺时针方向画圆，护住面部旋转，至身体右外侧。同时以腰部为轴向右侧转身，重心移至右腿，身体下蹲。随右手的运动，左手继续沿逆时针方向画圆下落击打，击至右裆前，目视右掌心。（如图）

要点一：左右云手要连贯，中间不可停留。

要点二：在做左右云手时，左右手不光要护住面部，还要有向外化挡之力。

要点三：身体的转动以及重心的转移要加身化之力。

第六十五势　单鞭势

左脚向艮位方向迈出，呈左弓步；同时左掌呈立掌，用手掌的侧面向体前击出；右臂伸直，右手变勾手，置于身体右后方。目视艮位方向。（如图）

要点：左臂要沉肩坠肘，不要向前伸得太直。

第六十六势　左高探马势

动作一：重心后坐，移到右腿，呈三七劲，右腿占七分，左腿占三分。双手一合下落于身前。（如图）

动作二：双手沿逆时针方向画弧至体前，呈左弓步，目视艮位方向。（如图）

动作三：双手向后捋带，落于体前。身体重心后移，双腿呈三七劲，右腿占七成，左腿占三成。（如图）

动作三：左脚向艮位方向迈半步，右脚随之跟进。同时右手变拳，经右胯向前摆打至体前。左手呈立掌，护于右腕处，目视艮位方向。（如图）

第六十七势　右分脚势

动作一：身体向左侧转体，保持左脚前右脚后，掩裆，微下蹲。同时右肩微藏，双手随之下落于身体左胯外侧，交叉呈十字，目视艮位方向。（如图）

动作二：双手向上画圆托架。（如图）

动作三：双手于头顶分开至身体两侧。同时右脚面绷起，向上撩踢，以右掌拍击右脚面，左腿独立支撑，目视艮位方向。（如图）

第六十八势　右高探马势

动作一：右脚回收，护于裆前，双手下落于体前。（如图）

动作二：右脚向前落地，呈右弓步。双手沿顺时针方向画弧至体前，目视艮位方向。（如图）

动作二：双手向后捋带，落于体前。身体重心后移，双腿呈三七劲，左腿占七成，右腿占三成。（如图）

动作三：右脚向艮位方向迈半步，左脚随之跟进。左手变拳，经左胯向前摆打至体前。右手呈立掌，护于左腕处，目视艮位方向。（如图）

第六十九势　左分脚势

动作一：身体向右侧转体，保持右脚前左脚后，掩裆，微下蹲。同时左

肩微藏，双手随之下落于身体右胯外侧，交叉呈十字，目视艮位方向。（如图）

动作二：双手向上画圆托架。（如图）

动作三：双手于头顶分开至身体两侧。同时左脚面绷起，向上撩踢，以左掌拍击左脚面。右腿独立支撑，目视艮位方向。（如图）

方位图示六

以下动作是沿东西线向西演练。

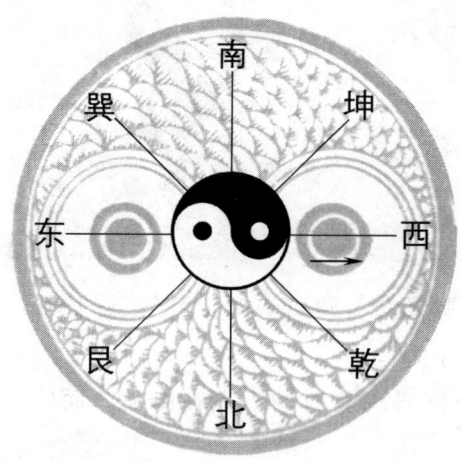

第七十势　转身左蹬脚势

动作一：身体向左侧转体，同时左脚下落于右脚内侧，虚点落地。双手自然下落，于腹前十字手交叉。（如图）

动作二：双手向上画圆托架。（如图）

动作三：双手于头顶分开至身体两侧，同时左脚抬起，向西方蹬出。右腿独立支撑，目视西方。（如图）

要点一：左右分脚及转身蹬脚势要注意气息的调整，在起腿时，内气上提，胸廓展开，有助于姿势的完美。

要点二：左右分脚势踢脚时的力点在脚面，而转身蹬脚势的力点则在脚跟。

第七十一势　左搂膝拗步势

动作一：左脚下落收回护裆。（如图）

动作二：左脚迅速向西方迈出，呈反弓步。同时左手沿顺时针方向向体前画弧，右手翻掌向上。（如图）

动作三：身体左转，左手经体前向左侧刨出，搂过左膝至身体左侧。右掌从右耳后由上至下画圆击打至胸前，双脚呈拗势步，目视西方。（如图）

第七十二势　右搂膝拗步势

动作一：身体左转，右脚并拢于左脚旁，右手向后捋带。（如图）

动作二：右脚向西方迈出一步，同时右手掌沿逆时针方向向体前画弧，左手自然向后抬至左耳后方。（如图）

第九章　太极拳练习法

动作三：身体右转，同时右手掌向右侧刨出，搂过右膝至身体右侧。左掌从左耳后由上至下画圆击打至胸前，双脚呈拗势步，目视西方。（如图）

第七十三势　进步栽捶势

动作一：左脚向西方迈出一步，身体随之右转。同时左掌沿逆时针方向经体前画弧至右肋处，右手自然后摆。（如图）

动作二：左手掌继续向下画弧，向左侧刨出。然后右手变拳，经右耳后由上向前向下吊肘栽打。（如图）

动作三：身体左转，右拳栽打至身前，双脚并拢下蹲。（如图）

第七十四势　转身撇身捶势

向右侧转身，右脚向东方迈出一步呈弓步。同时右臂伸直，以拳背由下向上，向正东方撇打，至与肩同高处。左手下落于左胯处成拳，目视东方。（如图）

第七十五势　进步搬拦捶势

动作一：身体重心后移至左脚，左腿弯曲下蹲，随重心的后移，右臂收回体侧，右脚靠拢于左脚旁。（如图）

动作二：右脚向北方跨出一步，脚尖向东方外掰。再随右脚的迈出，右臂沿顺时针方向画弧搬住对方至身体右侧。（如图）

动作二：向右转体，左脚迅速向东方迈出呈弓步。左掌随身体的转动由下向上，向东方拦出至体前。右拳落于右胯后侧，目视东方。（如图）

动作三：身体向左侧微转，同时右拳经右胯向前摆打至正前方，左手立掌搭于右前臂处，目视东方。（如图）

第七十六势　如封似闭势

动作一：右脚向东方跟进半步，同时左手收至右腋下。（如图）

动作二：左手沿右臂下方向前支出，随左手向前支出，身体后坐，拉动左脚后撤，重心移至右腿。右臂后撤，右手护于左臂内侧。（如图）

动作三：双手由下至上提起，提过头顶。（如图）

动作四：双手由上至下落于腹前。随双手的下落，身体重心后坐落于右脚，右腿弯曲下蹲，微收左脚。（如图）

动作五：右脚蹬地，推动左脚向东方迈出一步，呈弓步。同时双掌由下向上向前推出，目视东方。（如图）

方位图示七

以下动作是沿坤艮线、巽乾线方向转换演练。

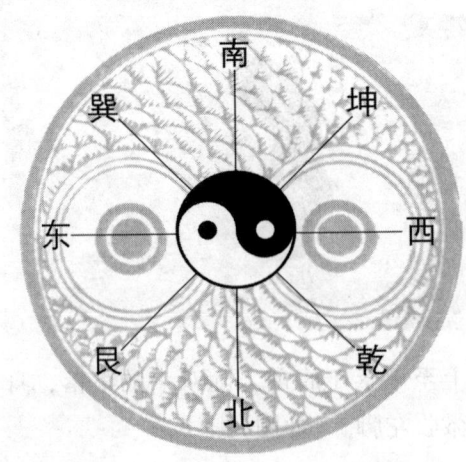

第七十七势　右蹬脚势

动作一：右脚向左脚跟进半步，掩裆。右手自然下落，双手于体前十字手交叉，右肩微藏。（如图）

动作二：双手向上画圆托架。（如图）

动作三：双手于头顶分开至身体两侧。同时右脚抬起，向巽位方向蹬出。左腿独立支撑，目视巽位方向。（如图）

第七十八势　左打虎势

动作一：右脚向西方落步，左腿随后抬起，左脚至于右膝旁。同时双手沿顺时针方向画弧至身体的右侧。（如图）

动作二：抬起的左脚迅速向艮位方向迈出，呈弓步。双手变拳继续沿顺时针方向画圆，左拳由下向上化架，右拳右下至上蹬打。左拳至于头顶，拳面朝向身体右侧，右拳至于身体左前侧。（如图）

第七十九势　右打虎势

动作一：身体重心移向右腿，抬左脚向西方落步。随后右腿抬起，右脚至于左膝旁，同时双手沿逆时针方向画弧至身体的左侧。（如图）

动作二：抬起的右脚迅速向巽位方向迈出，呈弓步。双手继续沿逆时针方向运动，右拳由下至上化架至于头顶，拳面朝向身体左侧。左拳贴身由下至上蹚打至身体右前侧，目视乾位方向。（如图）

第八十势　进步右蹬脚势

动作一：左脚迅速向艮位方向迈出一步，双手自然下落。（如图）

动作二：双手在体前交叉向上画圆托架。（如图）

动作三：双手于头顶分开至身体两侧。随双手向上的托架，右脚迅速抬起向艮位方向蹬出，左腿独立支撑，目视艮位方向。（如图）

第八十一势　双风贯耳势

动作一：右脚下落，向坤位方向后落一步。同时双手经体前向内画弧下刨至身体两侧。（如图）

动作二：左脚微向右脚靠拢，双手画圆向身体两侧上架。（如图）

动作三：左脚迅速向艮位方向迈出，呈弓步。双手变拳，从身体两侧画弧向体前击打，拳眼相对，双拳与双耳平齐，目视艮位方向。（如图）

方位图示八

以下动作是沿东西线向东演练。

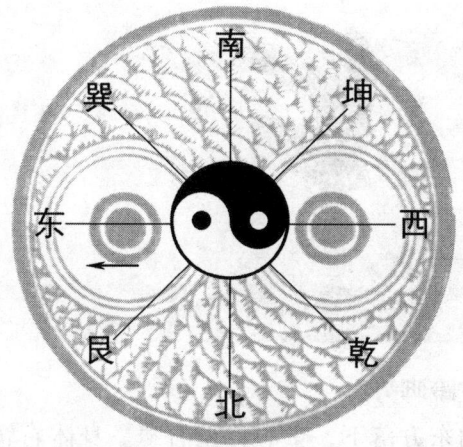

第八十二势 右蹬脚势

动作一：身体向左侧转身，左脚前右脚后，掩裆，微下蹲。同时右肩微藏，双手于体前交叉呈十字。（如图）

动作二：双手向上画圆托架。（如图）

动作三：双手于头顶分开至身体两侧，同时右脚抬起向东方蹬出，左腿独立支撑，目视东方。（如图）

第八十三势　左蹬脚势

动作一：右脚向东方落下，重心移至右腿。身体右转身，双手下落经体前交叉（如图）。

动作二：然后向上画圆托架。（如图）

动作三：双手于头顶分开至身体两侧，左脚随之迅速抬起向东方蹬出。右腿独立支撑，同时目视东方。（如图）

第八十四势　转身右蹬脚势

动作一：左脚向东方落下，重心移至左腿。身体右转身，双手下落经体前交叉。（如图）

动作二：向上画圆托架。（如图）

动作三：双手于头顶分开至身体两侧，右脚随之迅速抬起向东方蹬出。左腿独立支撑，目视东方。（如图）

要点一：三个蹬脚要注意姿势的连贯性。
要点二：三个蹬脚要注意气息的调整，特别是转身蹬脚，如能加点身化之劲会更妙。

第八十五势　搬拦捶势
动作一：右脚收回护裆。（如图）

动作二：右脚向北方下落，脚尖向东方外掰。同时右臂落回体侧，并以顺时针方向画弧搬住对方至身体右侧。左手自然下落于左胯外侧，变拳。（如图）

动作三：向右转体，左脚迅速向东方迈出呈弓步。左拳变掌，随身体的转动由下向上，向东方拦出至体前，右拳落于右胯后侧。（如图）

动作三：身体向左侧转身，同时右拳经右胯向前摆打至正前方，左手立掌搭于右前臂处，目视东方。（如图）

第八十六势 如封似闭势

动作一：右脚向东方跟进半步，同时左手收至右腋下。（如图）

动作二：左手沿右臂下方向前支出。随左手向前支出，身体后坐，拉动左脚后撤，重心移至右腿。右臂后撤，右手护于左臂内侧。（如图）

动作三：双手由下至上提起，提过头顶。（加图）

动作四：双手由上至下落于腹前，随双手的下落，身体重心后坐落于右脚，右腿弯曲下蹲，微收左脚。（如图）

动作五：右脚蹬地，推动左脚向东方迈出一步，呈弓步。同时双掌由下向上向前推出，目视东方。（如图）

方位图示九

以下动作是沿巽乾线向乾位方向演练。

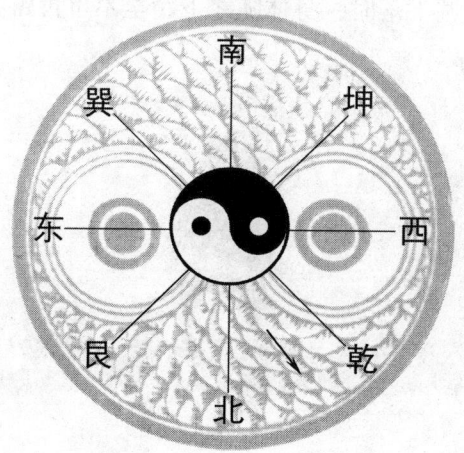

第八十七势 十字手势

动作一：向右侧转体，面向南方，双脚平行，与肩同宽。双手自然下落，于腹前交叉呈十字，左手在内，右手在外，掌心向内。（如图）

动作二：双手于体前分开，同时向身体两侧画圆上架。（加图）

动作三：双手画圆下落时，身体随之下蹲至不可再蹲为止。（如图）

动作四：双手继续画圆至面前交叉呈十字手架住对方。左手在内，右手在外，掌心向内，双腿直立，目视南方。（如图）

要点：身体下蹲时应保持上身的中正直立，不可前倾或后仰。

第八十八势　转身右搂膝拗步势

动作一：双掌内扣，向左右分开，身体随之自然向右侧转身。（如图）

动作二：右手掌沿逆时针方向画弧，向右侧刨出，左手自然画弧收于左耳后。同时身体向右侧转体，右脚向乾位方向迈出一步，内扣呈反弓步。（如图）

动作三：右手掌经体前搂过右膝至身体右侧；左掌从左耳后由上至下画圆击打，至于胸前。【注：左臂注意沉肩坠肘】同时身体向乾位方向转体，双脚呈拗势步，目视乾位方向。（如图）

第八十九势　左抱虎归山势
动作一：左臂微前探，右臂向体后侧伸展。（加图）

动作二：右臂由后向上画圆，左臂回搂，双手合力向前压抱，抱住对方。身体重心随右臂移动，双脚呈右弓步。（如图）

动作三：转体身体后坐，重心落于左脚。双手抱住对方至身体左胯处，

目视乾位方向。（如图）

第九十势　掤势

右脚向乾位方向迈出，呈右弓步。随右脚的迈出，身体微向右转，左手背搭实右腕，双手沿顺时针方向由下至上画弧，至于体前，双掌与头平齐，目视乾位方向。（如图）

第九十一势　捋势

动作一：左脚向右脚跟进半步，身体重心微后移，左腿弯曲。（如图）

动作二：双掌分开，掌心相对，继续沿顺时针方向画弧，至身体右胯外

侧。同时身体重心后坐落于左脚，左腿弯曲下蹲。右脚尖翘起，脚跟着地。（如图）

第九十二势　挤势

动作一：含胸，同时身体后坐，右手掌继续画弧内穿，经腹前与左手交叉于身体的左侧，左手背搭于右腕处。（如图）

动作二：右脚向乾位方向迈出，呈右弓步，右臂与身体同时向正前方挤出。（如图）

要点一：左手背与右手腕要搭实。

要点二：向前挤时，胸微含，右臂弯曲，以右肘向前击出。

要点三：掤捋挤三势，要求双手从身体的左侧开始由下至上，再由上至下运动，实际上是双手从身体左侧开始沿顺时针方向画一横圆而已。

第九十三势　按势

动作一：右手臂向身体左下侧斜插，同时左手掌顺右臂向下搂刨。【注：其目的护住右肘部】（如图）

动作二：双手左右分开至身体两侧，同时左脚向前跟半步。（如图）

动作三：双掌由下至上提起，提过头顶。（加图）

动作四：然后身体重心后坐落于左脚，左腿弯曲下蹲，承担重力。右脚尖翘起，脚跟着地，双掌随之由上至下落于腹前。（如图）

动作五：右脚向前迈一步，呈右弓步。同时双掌由下向上向前推出，目视乾位方向。（如图）

要点：此势实际上是双掌从下至上，再从上至下，向前画立圆。

方位图示十

以下动作是沿巽乾线、坤艮线向西方演练。

第九十四势　单鞭势

动作一：身体经左侧向后转体，左脚微向右脚靠拢。（如图）

动作二：左脚迅速向巽位方向迈出，呈左弓步。同时左手沿逆时针方向贴身画弧，呈立掌，用手掌的侧面从右肩窝处向体前击出。右臂伸直，右手变勾手，置于身体侧后方，目视巽位方向。【注：左臂要沉肩坠肘，不要向前伸得太直】（如图）

第九十五势　右野马分鬃势

动作一：身体微右转，右脚向左脚靠拢，双手一合。（如图）

动作二：右脚迅速向乾位方向迈出，同时右手沿顺时针方向画圆向身体右侧外展。右肩向乾位靠打，左手亦沿顺时针方向画圆落于左胯外侧，呈右弓步，目视坤位方向。（如图）

第九十六势　左野马分鬃势

动作一：身体向右转，左脚收回，脚尖虚点落于右脚内侧。左手向下，右手向上，双手同时画弧收于身体右侧一合，目视坤位方向。（如图）

动作二：左脚向坤位方向迈出，同时左手沿逆时针方向向外展出。左肩向坤位靠打，右手亦沿逆时针方向画弧落于右胯外侧，呈左弓步，目视乾位方向。（如图）

第九十七势　右野马分鬃势

动作一：身体向左转，右脚收回，脚尖虚点落于左脚内侧。右手向下，左手向上，双手同时画弧收于身体左侧一合，目视乾位方向。（如图）

动作二：右脚向乾位方向迈出，同时右手沿顺时针方向向外展出。右肩向乾位方向靠打，左手亦沿顺时针方向画弧落于左胯外侧，呈右弓步，目视坤位方向。（如图）

要点：野马分鬃势与斜飞势的动作基本相同，其区别有二：一是劲道。斜飞势的劲道是手臂外旋化掉敌劲，野马分鬃势是在靠打的基础上再加抖劲。二是野马分鬃的动作幅度要大于斜飞势。

第九十八势　左斜飞势

动作一：身体微向右转，左脚收回，脚尖虚点落于右脚内侧。左手向下，右手向上，双手同时画弧收于身体右侧一合。（如图）

动作二：左脚向坤位方向迈出，呈弓步。同时左手沿逆时针方向画弧向外展出。（加图）

动作三：左手向外旋转，同时带动身体前移左转，右手一合落于右胯外侧，目视西方。（如图）

第九十九势　挒势

右脚向左脚靠拢，迅速向西方迈出，呈右弓步；随右脚的迈出，双掌下落至小腹前交叉，左手背搭于右腕之上。【注：左手背搭右手腕要搭实】双手

沿顺时针方向由下至上画弧掤架，至于体前与头平齐处，目视西方。（如图）

第一〇〇势　捋势

动作一：左脚向右脚跟进半步，身体重心微后移，左腿弯曲。（如图）

动作二：双掌分开，掌心相对，继续沿顺时针方向画弧，至身体右胯外侧。同时身体重心后移落于左脚，左腿弯曲下蹲。右脚尖翘起，脚跟着地。（如图）

第一〇一势　挤势

动作一：含胸，同时身体后坐。右手掌继续画弧内穿，经腹前与左手交叉于身体的左侧，左手背搭于右手腕处。（如图）

动作二：右脚向西方迈出，呈右弓步，右臂与身体同时向正前方挤出。（如图）

要点一：左手背与右手腕要搭实。

要点二：向前挤时，胸微含，右臂弯曲，以右肘向前击出。

要点三：掤捋挤三势，要求双手从身体的左侧开始由下至上，再由上至下运动，实际上是双手从身体左侧开始沿顺时针方向画一横圆而已。

第一〇二势　按势

动作一：右手臂向身体左下侧斜插，同时左手掌顺右臂向下搂刨。【注：其目的护住右肘部】（如图）

动作二：双手左右分开至身体两侧。（如图）

动作三：左脚向前跟半步，双掌由下至上提起，提过头顶。（加图）

动作四：然后身体重心后坐落于左脚，左腿弯曲下蹲，承担重力。右脚尖翘起，脚跟着地，双掌随之由上至下落于腹前。（如图）

动作五：右脚向前迈一步，呈右弓步。同时双掌由下向上向前推出，目视西方。（如图）

要点：此势实际上是双掌从下至上，再从上至下，向前画立圆。

第一○三势　大捋势

动作一：向身体的左侧转身，右脚尖内扣，双手一合落于身体右侧。（如图）

动作二：左脚迈向艮位方向呈半弓步，同时双手沿逆时针向上画圆。（如图）

动作三：双手继续画圆至体前，双脚呈左弓步。（如图）

动作四：身体重心后移，双腿呈三七劲，右腿占七成，左腿占三成。双手好似拔河状向回用寸劲带出，落在体前。（如图）

要点：在做大捋动作时，双眼要随双手的运动轨迹移动。

第一〇四势　单鞭势

动作一：身体重心继续后移，落于右脚，右腿弯曲。同时收左脚至右脚内侧，脚尖虚点落地。双手继续向后画圆，右臂伸直，右手变勾手，置于身体侧后方。左手翻掌向上置于右肩前，目视坤位方向。（如图）

要点一：在身体重心前后移动的过程中，不可上下起伏，需保持在同一高度上。

要点二：大捋势与单鞭势的动作一，实际上是双手由上至下，再由下至上画一个立圆。

动作二：左脚向艮位方向迈出，呈左弓步。同时左掌呈立掌，用手掌的侧面向体前击出。右臂不动，目视艮位方向。（如图）

要点：左臂要沉肩坠肘，不要向前伸得太直。

方位图示十一

以下动作是沿巽乾线、坤艮线演练。

第一〇五势　左玉女穿梭势

动作一：双臂下落，身体重心后移。（加图）

动作二：双臂再同时沿逆时针方向由上向下画圆，双手似向前抓捋对方，身体重心随之前移，目视艮位方向。（如图）

动作三：身体后坐，重心落于右腿，左脚向右脚靠拢。双手用带捋劲，至身体右胯处，目视艮位方向。（如图）

动作四：右脚蹬地，左脚迅速向艮位方向迈出。同时左掌向上迎架，护于面部，右掌随之抬起至肩部，向前画圆击打对方面部。（如图）

第一〇六势　右玉女穿梭势

动作一：右脚向左脚靠拢，双掌一合下落。（如图）

动作二：左脚蹬地，右脚迅速向巽位方向迈出，同时右掌向上迎架，护于面部。左掌随之抬起至肩部，向前画圆击打对方面部，呈半弓步。（如图）

第一〇七势　左玉女穿梭势

动作一：重心前移至右脚，以右脚为支点，身体向左侧转体，左脚随之向右脚靠拢，双掌一合下落。（如图）

动作二：右脚蹬地，左脚迅速向坤位方向迈出，同时左掌向上迎架，护于面部。右掌随之抬起至肩部，向前画圆击打对方面部。（如图）

第一〇八势　右玉女穿梭势

动作一：右脚向左脚靠拢，双掌一合下落。（加图）

动作二：左脚蹬地，右脚迅速向乾位方向迈出，同时右掌向上迎架，护于面部；左掌随之抬起至肩部，向前画圆击打对方面部。（如图）

要点：玉女穿梭势要注意加身化，在化架的同时是以后脚的蹬踏之力加身力带动掌力向前画圆击出。此势要体现出整劲，浑身上下形如一体。

方位图示十二

以下动作是沿东西线向西演练。

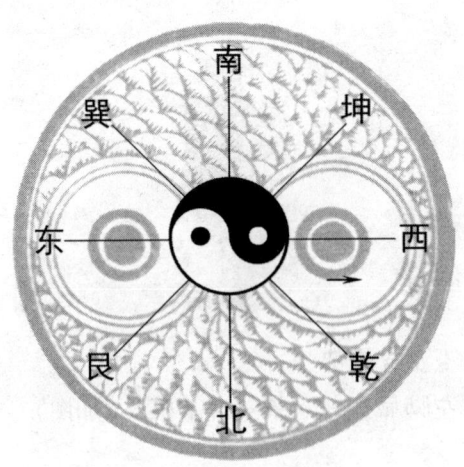

第一○九势　左斜飞势

动作一：身体微向右转，左脚收回落于右脚内侧。左手向下，右手向上，双手同时画弧收于身体右侧，掌心相对，呈抱球状。（如图）

动作二：左脚向坤位方向迈出，呈弓步。同时左手沿逆时针方向画弧向外展出。（如图）

动作三：然后左手向外旋转，同时带动身体前移，右脚向左脚靠拢。右手落于右胯外侧，目视西方。（如图）

第一一〇势 掤势

动作一：双掌下落至身前。（如图）

动作二：左手背搭于右腕之上，【注：左手背搭右手腕要搭实】双手沿顺时针方向由下至上画弧掤架，至于体前与头平齐处，目视西方。（如图）

第一一一势 捋势

动作一：左脚向右脚跟进半步，身体重心微后移，左腿弯曲。（如图）

动作二：双掌分开，掌心相对，继续沿顺时针方向画弧，至身体右胯外侧。同时身体重心后移落于左脚，左腿弯曲下蹲。右脚尖翘起，脚跟着地。（如图）

第一一二势　挤势

动作一：含胸，同时身体后坐。右手掌继续画弧内穿，经腹前与左手交叉于身体的左侧，左手背搭于右手腕处。（如图）

动作二：右脚向西方迈出，呈右弓步，右臂与身体同时向正前方挤出。（如图）

要点一：左手背与右手腕要搭实。

要点二：向前挤时，胸微含，右臂弯曲，以右肘向前击出。

要点三：掤捋挤三势，要求双手从身体的左侧开始由下至上，再由上至下运动，实际上是双手从身体左侧开始沿顺时针方向画一横圆而已。

第一一三势　按势

动作一：右手臂向身体左下侧斜插，同时左手掌顺右臂向下搂刨。【注：其目的护住右肘部】（如图）

动作二：双手左右分开至身体两侧。（如图）

动作三：左脚向前跟半步，双掌由下至上提起，提过头顶。（加图）

动作四：然后身体重心后坐落于左脚，左腿弯曲下蹲，承担重力。右脚尖翘起，脚跟着地，双掌随之由上至下落于腹前。（如图）

动作五：右脚向前迈一步，呈右弓步。同时双掌由下向上向前推出，目视西方。（如图）

要点：此势实际上是双掌从下至上，再从上至下，向前画立圆。

第一一四势　大捋势

动作一：向身体的左侧转身，右脚尖内扣。双手下落至身体右侧。（如图）

动作二：左脚迈向艮位方向呈半弓步，同时双手沿逆时针向上画圆。（如图）

动作三：双手继续画圆至体前，双脚呈左弓步。（如图）

动作四：身体重心后移，双腿呈三七劲，右腿占七成，左腿占三成。双手好似拔河状向回用寸劲带出，落在体前。（如图）

要点：在做大捋动作时，双眼要随双手的运动轨迹移动。

第一一五势　单鞭势

动作一：身体重心继续后移，落于右脚，右腿弯曲。同时收左脚至右脚内侧，脚尖虚点落地。双手继续向后画圆，右臂伸直，右手变勾手，置于身体侧后方。左手翻掌向上置于右肩前，目视坤位方向。（如图）

要点一：在身体重心前后移动的过程中，不可上下起伏，需保持在同一高度上。

要点二：大捋势与单鞭势的动作一，实际上是双手由上至下，再由下至上画一个立圆。

动作二：左脚向艮位方向迈出，呈左弓步。同时左掌呈立掌，用手掌的侧面向体前击出。右臂不动，目视艮位方向。（如图）

要点：左臂要沉肩坠肘，不要向前伸得太直。

方位图示十三

以下动作是沿坤艮线向艮位方向演练。

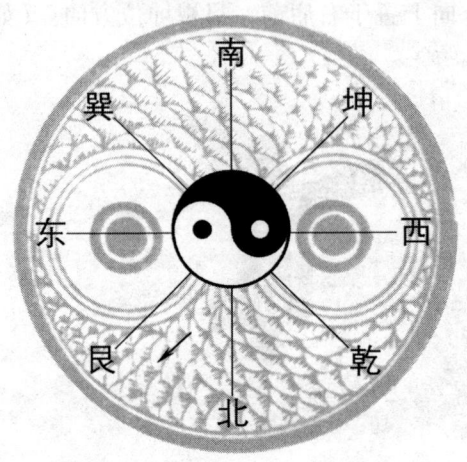

第一一六势　右云手势

右臂在身体前侧沿顺时针方向画圆，护住面部旋转，至身体右外侧。同时以腰部为轴向右侧转身，左脚尖内扣，身体重心随之移动，双腿呈三七劲，右腿占七成，左腿占三成。随右手的运动，左手沿逆时针方向画圆下落击打，击至裆前。（如图）

第一一七势　左云手势

左臂在身体前侧继续沿逆时针方向画圆，护住面部旋转，至身体左外侧。同时以腰部为轴向左侧微转，带动右脚向左脚靠拢，虚点落地，身体下蹲。随左手的运动，右手继续沿顺时针方向画圆下落击打，击至左裆前。目视左掌心。（如图）

第一一八势　右云手势

右臂在身体前侧继续沿顺时针方向画圆，护住面部旋转，至身体右外侧。同时以腰部为轴向右侧转身，重心移至右腿，左脚虚点，身体下蹲。随右手的运动，左手继续沿逆时针方向画圆下落击打，击至右裆前，目视右掌心。（如图）

第一一九势　左云手势

左臂贴身在身体前侧继续沿逆时针方向画圆，护住面部旋转，至身体左外侧。同时左脚向艮位方向迈出一步呈半弓步，随左手的运动，右手继续沿顺时针方向画圆下落击打，击至左裆前，目视左掌心。（如图）

第一二〇势　右云手势

收右脚向左脚靠拢，虚点落地。右臂贴身在身体前侧继续沿顺时针方向画圆，护住面部旋转，至身体右外侧。同时以腰部为轴向右侧转身，重心移至右腿，身体下蹲。随右手的运动，左手继续沿逆时针方向画圆下落击打，击至右裆前，目视右掌心。（如图）

要点一：左右云手要连贯，中间不可停留。

要点二：在做左右云手时，左右手不光要护住面部，还要有向外化挡之力。

要点三：身体的转动以及重心的转移要加身化之力。

第一二一势　单鞭势

左脚向艮位方向迈出，呈左弓步。同时左掌呈立掌，用手掌的侧面向体前击出。右臂伸直，右手变勾手，置于身体右后方，目视艮位方向。（如图）

要点：左臂要沉肩坠肘，不要向前伸得太直。

第一二二势　蛇身下势

动作一：身体后坐，左臂沿顺时针方向向身体右侧画圆，右腿下蹲。（如图）

动作二：左手划至体前后，贴左腿像蛇穿行一样伸向左脚，身体随之前探。右手变掌，目视左手运动轨迹。（如图）

动作三：随左手前穿，重心前移至左腿，呈弓步。（如图）

方位图示十四（图）

以下动作是沿东西线演练。

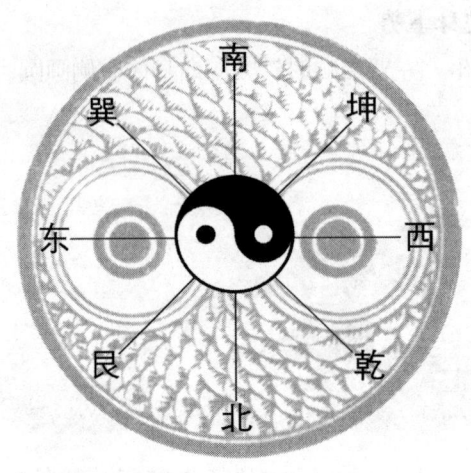

第一二三势　右金鸡独立势

左手继续前插，变掌下按，同时身体向上抬起。带动身体重心前移，右腿弯曲提起，右脚抬至左膝同高处，护住裆部。左腿独立支撑。同时右掌贴身向前画弧至面前，右手尖与鼻尖平齐，右肘与右膝相对。左手自然按于左胯外侧，目视东方。（如图）

第一二四势　左金鸡独立势

动作一：右脚落地，身体随之自然下蹲，同时右手下落。（如图）

动作二：身体重心移至右腿，左掌上提至面前，左指尖与鼻尖平齐，带动左腿弯曲提起，左脚抬至右膝同高处，护住裆部，左肘与左膝相对。右腿独立支撑，同时右掌下按于右胯外侧。（如图）

第一二五势　左倒撵猴势

动作一：右掌如抽丝般向后拉出画圆拉出，左掌向前推展，目视东方。（如图）

动作二：右掌经右耳后向前画圆击打，左掌收回至右腹前，形成双手合抱之力，目视东方。（如图）

动作三：左脚迅速后落，身体重心移至左腿，左腿弯曲，右脚脚尖翘起。同时左手变掌，如抽丝般向后画圆拉出，至身体侧后方变勾手。右掌向前推展，目视东方。（如图）

第一二六势　右倒撵猴势

动作一：左手变掌，经左耳后向前画圆击打。右掌收回至左腹前，形成双手合抱之力。同时迅速抬起右腿，身体右转九十度，右脚置于左膝前。重心落于左腿，单腿支撑，目视东方。（如图）

动作二：右脚迅速后落，身体重心移至右腿，右腿弯曲，左脚脚尖翘起。同时右手变掌，如抽丝般向后画圆拉出，至身体侧后方变勾手。左掌微向前推展，目视东方。（如图）

第一二七势　左倒撵猴势

动作一：右手变掌，经右耳后向前画圆击打。左掌收回至右腹前，形成双手合抱之力。同时迅速抬起左腿，身体左转九十度，左脚置于右膝前。重心落于右腿，单腿支撑，目视东方。（如图）

动作二：左脚迅速后落，身体重心移至左腿，左腿弯曲，右脚脚尖翘起。同时左手变掌，如抽丝般向后画圆拉出，至身体侧后方变勾手。右掌向前推展，目视东方。（如图）

要点："倒撵猴"所用的劲道就是太极拳理中所讲的"运劲如抽丝"之力，用此劲要注意两点：第一是动作变换之间的连贯性；第二要注意意念的导引，双手的分开想象着如同抽丝之状。

第一二八势　右揽雀尾势

动作一：双手同时沿顺时针方向，左手向上、右手向下画弧至身体左侧，

同时左脚向后方跨出半步。（如图）

动作二：双手掌心上下相对，如同抱球状，右脚随手的运动后撤至左脚旁，目视东方。（如图）

动作三：身体右转，右脚迅速向坤位方向迈出。身体重心随之前移，双腿呈三七劲，右腿占七成，左腿占三成，目视坤位方向。（如图）

动作三：身体重心继续向右脚移动，呈右弓步，同时左掌从上至下好似轻抚大鸟之羽毛至左胯处，目视坤位方向。【注：右手与身体微成圆形，做揽雀尾动作时此臂保持不动，此势的关键在于身体重心的转移】（如图）

第一二九势　合左琵琶势

动作一：左手沿顺时针、右手沿逆时针方向同时向体前画圆，下刨。身体重心后移，呈三七劲，右腿占七成，左腿占三成。（如图）

动作二：双手继续向身体两侧画圆，带动身体上提，身体重心前移至右脚。（如图）

动作三：收左脚向南方伸出，身体下落，右腿弯曲下蹲，承担重力。左脚脚尖翘起，脚跟虚点落地。随身体的下落，双手合于胸前，左手在前，右手护于左肘处。【注：双臂注意沉肩坠肘，不要向前伸得太直，胸微含】目视南方。（如图）

第一三〇势　开门势

双手同时外旋，双手掌心朝外，向身体的两侧同时分开，如同开门状一般用力，下盘保持不动。（如图）

第一三一势　转身撩阴掌势

向左侧转身，右掌向下，经身体右侧向正前方击打，击向对方裆部。左手由上向下搭于右臂肘窝处，身体下蹲，胸微含，重心落于左腿，左腿弯曲承担重力。同时，伸出右腿向东方，脚尖虚点落地，目视东方。（如图）

要点：掌向对方裆部击打时，身体尽可能下蹲。
第一三二势　提手上势
动作一：右手翻掌下按，身体重心前移至右脚，左手向下刨出。（如图）

动作二：左手落于左胯外侧，掌心向下，右手上提支架至头部右前方。同时，左脚向前伸出，脚尖虚点落地，身体微下蹲，目视东方。（如图）

第一三三势　白鹤亮翅势
双手带动身体同时上提支架，目视东方。（如图）

第一三四势　左搂膝拗步势

动作一：前脚掌落实，右脚向身后跨半步，同时右手沿逆时针方向捋至身体的右外侧，左手沿顺时针方向向体前画圆，身体随之右转。（如图）

动作二：身体左转，左手沿顺时针方向经体前画圆，向身体左侧刨出。（如图）

动作三：左手搂过左膝至身体左侧，右掌从右耳后由上至下画圆击打，至于胸前，双脚呈拗势步。【注：右臂注意沉肩坠肘】目视东方。（如图）

第一三五势　海底针势

动作一：右腕下沉格挡住对方。（如图）

动作二：右手沿顺时针方向画立圆，同时重心落于左脚，收拢右脚落于左脚旁。（如图）

动作三：身体向下弯曲，下蹲，随身体的下落，右手画圆下落于两脚间，如拣拾物品状。（如图）

动作四：身体向上抬起。同时右掌随之上提，与头同高，目视东方。（如图）

动作五：右掌下插至身体前方，身体随之下蹲。（如图）

第一三六势　扇通臂势

动作一：右臂伸直向上格架，同时身体向上抬起。（如图）

动作二：右手翻腕向外变拳，向后拉回至头部后方。（如图）

动作三：左手经胸前向前击打，同时左脚向东方迈出一步，呈左弓步，目视东方。（如图）

第一三七势　转身双撇捶势

身体向后转向西方并用下压之力量，重心随之移向右腿，呈右弓步。同时双臂沿顺时针方向画弧，向下砸打于体前，左掌护于右肘处，目视西方。（如图）

第一三八势　左抱虎归山势

动作一：左手翻掌向前推出，右臂向体后侧伸展，由下向上画圆。（如图）

动作二：双手向前压抱。身体重心随右臂而移动，呈右弓步，目视西方。（如图）

动作三：微转体身体后坐，重心落于左脚；双手抱住对方至身体左胯处。（如图）

第一三九势　进步搬拦捶势

动作一：右脚向南方跨出一步，脚尖向西方外掰；同时右臂以肘关节为轴，顺时针方向画圆至身体右侧搬住对方；左手变拳，自然摆于身体左后侧，目视西方。（如图）

动作二：向右转体，左脚迅速向西方迈出呈弓步。左拳变掌，随身体的转动由下向上，向西方拦出至体前。右拳落于右胯后侧，目视西方。（如图）

动作三：身体向左侧转身，同时右拳经右胯向前摆打至正前方，左手立掌搭于右前臂处，目视西方。（如图）

第一四〇势　右倒撵猴势

身体右转九十度，重心后移至右腿，右腿弯曲，左脚脚尖翘起。同时右手变掌，如抽丝般向后拉出，至身体侧后方变勾手。同时左掌向前推展，目视西方。（如图）

第一四一势　左斜飞势

动作一：左脚收回，脚尖虚点落于右脚内侧，右腿弯曲下蹲。左手向下，右手向上，双手同时画弧收于身体右侧，掌心相对，呈抱球状。（如图）

动作二：左脚向坤位方向迈出，呈弓步。同时左手沿逆时针方向画弧向外展出。（加图）

动作三：然后左手向外旋转，同时带动身体前移，右手落于右胯外侧。右脚向左脚靠拢，目视西方。（如图）

第一四二势　掤势

右脚向左脚靠拢，迅速西方迈出，呈右弓步。随右脚的迈出，双掌下落至小腹前交叉，左手背搭于右腕之上。【注：左手背搭右手腕要搭实】双手沿顺时针方向由下至上画弧掤架，至于体前与头平齐处，目视西方。（如图）

第一四三势　捋势

动作一：左脚向右脚跟进半步，身体重心微后移，左腿弯曲。（如图）

动作二：双掌分开，掌心相对，继续沿顺时针方向画弧，至身体右胯外侧。同时身体重心后移落于左脚，左腿弯曲下蹲，右脚尖翘起，脚跟着地。（如图）

第一四四势　挤势

动作一：含胸，同时身体后坐。右手掌继续画弧内穿，经腹前与左手交叉于身体的左侧，左手背搭于右手腕处。（如图）

动作二：右脚向西方迈出，呈右弓步，右臂与身体同时向正前方挤出。（如图）

要点一：左手背与右手腕要搭实。

要点二：向前挤时，胸微含，右臂弯曲，以右肘向前击出。

要点三：掤捋挤三势，要求双手从身体的左侧开始由下至上，再由上至下运动，实际上是双手从身体左侧开始沿顺时针方向画一横圆而已。

第一四五势　按势

动作一：右手臂向身体左下侧斜插，同时左手掌顺右臂向下搂刨。【注：其目的护住右肘部】（如图）

动作二：双手左右分开至身体两侧，左脚向前跟半步。（如图）

动作三：双掌由下至上提起，提过头顶。（加图）

动作四：身体重心后坐落于左脚，左腿弯曲下蹲，承担重力。右脚尖翘起，脚跟着地，双掌随之由上至下落于腹前。（如图）

动作五：右脚向前迈一步，呈右弓步。同时双掌由下向上向前推出，目视西方。（如图）

要点：此势实际上是双掌从下至上，再从上至下，向前画立圆。

第一四六势　大将势

动作一：向身体的左侧转身，右脚尖内扣，双手一合下落至身体右侧。（如图）

动作二：左脚迈向艮位方向迈步，呈半弓步，同时双手沿逆时针向上画圆。（如图）

动作三：双手继续画圆至体前，双脚呈左弓步。（如图）

动作四：身体重心后移，双腿呈三七劲，右腿占七成，左腿占三成。双手好似拔河状向回用寸劲带出，落在体前。（如图）

要点：在做大捋动作时，双眼要随双手的运动轨迹移动。

第一四七势　单鞭势

动作一：身体重心继续后移，落于右脚，右腿弯曲。同时收左脚至右脚内侧，脚尖虚点落地。双手继续向后画圆，右臂伸直，右手变勾手，置于身体侧后方；左手翻掌向上置于右肩前，目视坤位方向。（如图）

要点一：在身体重心前后移动的过程中，不可上下起伏，需保持在同一高度上。

要点二：大捋势与单鞭势的动作一，实际上是双手由上至下，再由下至上画一个立圆。

动作二：左脚向艮位方向迈出，呈左弓步。同时左掌呈立掌，用手掌的侧面向体前击出；右臂不动，目视艮位方向。（如图）

要点：左臂要沉肩坠肘，不要向前伸得太直。

方位图示十五

以下动作是沿坤艮线向艮位方向演练。

第一四八势 右云手势

右臂在身体前侧沿顺时针方向画圆,护住面部旋转,至身体右外侧。同时以腰部为轴向右侧转身,左脚尖内扣,身体重心随之移动,双腿呈三七劲,右腿占七成,左腿占三成。随右手的运动,左手沿逆时针方向画圆下落击打,击至裆前,目视右掌心。(如图)

第一四九势 左云手势

左臂在身体前侧继续沿逆时针方向画圆,护住面部旋转,至身体左外侧。同时以腰部为轴向左侧微转,带动右脚向左脚靠拢,虚点落地,身体下蹲。随左手的运动,右手继续沿顺时针方向画圆下落击打,击至左裆前,目视左掌心。(如图)

第一五〇势 右云手势

右臂在身体前侧继续沿顺时针方向画圆，护住面部旋转，至身体右外侧。同时以腰部为轴向右侧转身，重心移至右腿，左脚虚点，身体下蹲。随右手的运动，左手继续沿逆时针方向画圆下落击打，击至右裆前，目视右掌心。（如图）

第一五一势 左云手势

左臂贴身在身体前侧继续沿逆时针方向画圆，护住面部旋转，至身体左外侧。同时左脚向艮位方向迈出一步呈半弓步，随左手的运动，右手继续沿顺时针方向画圆下落击打，击至左裆前，目视左掌心。（如图）

第一五二势　右云手势

收右脚向左脚靠拢，虚点落地。右臂贴身在身体前侧继续沿顺时针方向画圆，护住面部旋转，至身体右外侧。同时以腰部为轴向右侧转身，重心移至右腿，身体下蹲。随右手的运动，左手继续沿逆时针方向画圆下落击打，击至右裆前，目视右掌心。（如图）

要点一：左右云手要连贯，中间不可停留。

要点二：在做左右云手时，左右手不光要护住面部，还要有向外化挡之力。

要点三：身体的转动以及重心的转移要加身化之力。

第一五三势　单鞭势

左脚向艮位方向迈出，呈左弓步，同时左掌呈立掌，用手掌的侧面向体前击出。右臂伸直，右手变勾手，置于身体右后方，目视艮位方向。（如图）

要点：左臂要沉肩坠肘，不要向前伸得太直。

第一五四势　左高探马势

动作一：重心后坐，移到右腿，呈三七劲，右腿占七分，左腿占三分，双手一合下落于身前。（如图）

动作二：双手沿逆时针方向画弧至体前，呈左弓步，目视艮位方向。（如图）

动作三：双手向后捋带，落于体前。身体重心后移，双腿呈三七劲，右腿占七成，左腿占三成。（如图）

动作三：左脚向艮位方向迈半步，右脚随之跟进，同时右手变拳，经右胯向前摆打至体前。左手呈立掌，护于右腕处，目视艮位方向。（如图）

第一五五势　右怀抱阴阳势

双手逆时针分开画圆，左手由上至下、右手由下至上于胸前，如抱球状。同时右脚后撤半步，左脚迅速向右脚内侧并拢，虚点落地。（如图）

第一五六势　左蹬脚势

动作一：双手画弧下落于腹前交叉。（如图）

动作二：双手向上画圆托架。（如图）

动作三：双手于头顶分开至身体两侧，同时左脚抬起，向艮位方向蹬出。右腿独立支撑，目视艮位方向。（如图）

第一五七势　右喜鹊登枝势

动作一：左脚下落向艮位，双手下落于身体两侧。（如图）

动作二：摆右腿沿顺时针方向在体前画圆，双手掌依次拍打右脚面。（如图）

第一五八势　右搂膝拗步势

动作一：右脚收回护裆，双手向身体左侧伸出下落。（如图）

动作二：右脚向坤位迈出，右手掌沿逆时针方向经体前画弧，左手自然向后抬起，身体右转，同时右手掌继续向下画弧，向右侧刨出。（如图）

动作三：右手搂过右膝至身体右侧，左掌从左耳后由上至下画圆击打，至于胸前，双脚呈拗势步【注：左臂注意沉肩坠肘】，目视坤位方向。（如图）

第一五九势　抱虎归山势

动作一：右臂向体后侧伸展，由后向上画圆。（如图）

动作二：双手向前压抱，身体重心随右臂而移动，呈右弓步，目视坤位方向。（如图）

动作三：微转体身体后坐，重心落于左脚，双手抱住对方至身体左胯处。（如图）

第一六〇势　右高探马势

右脚向坤位方向迈半步，左脚随之跟进，呈半弓步。左手变拳，经左胯向前摆打至体前。右手呈立掌，护于左腕处，目视坤位方向。（如图）

第一六一势　左怀抱阴阳势

双手逆时针分开画圆，右手由上至下、左手由下至上于胸前，如抱球状。同时左脚后撤半步，右脚迅速向左脚内侧并拢，虚点落地。（如图）

第一六二势　右蹬脚势

动作一：双手一合于腹前交叉。（如图）

动作二：双手向上画圆托架。（如图）

动作三：双手于头顶分开至身体两侧，同时右脚抬起，向坤位方向蹬出。左腿独立支撑，目视坤位方向。（如图）

第一六三势　左喜鹊登枝

动作一：右脚迅速下落，双手落于体前。（如图）

动作二：摆左腿沿逆时针方向在体前画圆，双手掌依次拍打左脚面。（如图）

方位图示十六

以下动作是沿东西线向东演练。

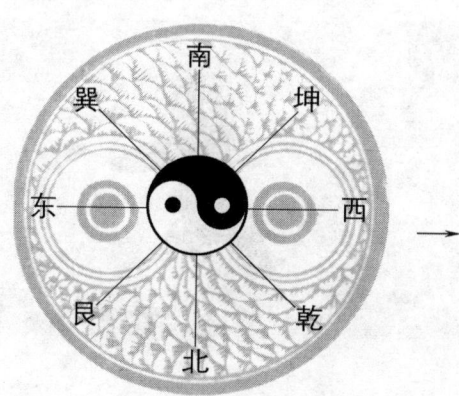

第一六四势　左搂膝拗步势

动作一：左腿回收护裆，双手伸出落于右侧。（如图）

动作二：左脚下落，同时右手沿逆时针方向捋至身体的右外侧，左手沿顺时针方向向体前画圆，身体随之右转。（如图）

动作三：身体左转，左手沿顺时针方向经体前画圆，向身体左侧刨出，搂过左膝至身体左侧，右掌从右耳后由上至下画圆击打，至于胸前。双脚呈拗势步【注：右臂注意沉肩坠肘】目视东方。（如图）

方位图示十七

以下动作是沿东西线向西演练。

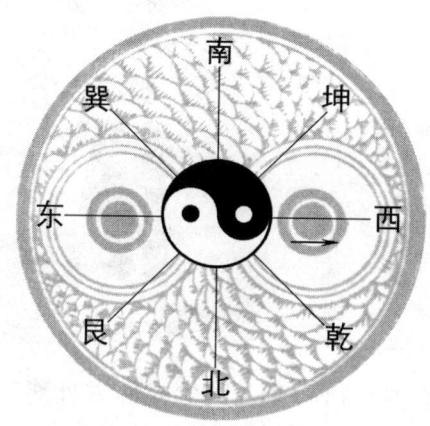

第一六六势 转身撇身捶势

动作一：身体向右转身，右脚向左脚靠拢，掩裆，微下蹲。同时右手下落于身体左胯外侧成拳。（如图）

动作二：右脚向西方迈出一步呈弓步，同时右臂伸直，以拳背由下向上画弧撇打，向正西方击打至与肩同高处。左手落于左胯外侧成拳，目视西方。（如图）

第一六七势　进步七星

动作一：身体重心后移至左脚，左腿弯曲下蹲。右脚向左脚靠拢，随身体的后移右臂收回体侧。（如图）

动作二：右脚向南方跨出一步，脚尖向西方外掰。右臂随右脚的迈出，以肘关节为轴，顺时针方向画弧至身体右侧搬住对方。（如图）

动作三：向右转体，左脚迅速向西方迈出呈弓步。左拳变掌，随身体的转动由下向上，向西方化拦出至体前，右拳落于右胯后侧。（如图）

动作四：身体向左侧转身，右拳向西方径直打出。左掌由下向上画弧搭于右臂肘窝处，同时右脚向西方伸出，脚尖虚点落地。随右脚的伸出，重心移至左腿，下蹲，目视西方。（如图）

第一六八势　进步搬拦捶势

动作一：身体重心后移至左脚，左腿弯曲下蹲。右脚向左脚靠拢，随身体的后移右臂收回体侧。（如图）

动作二：右脚向南方跨出一步，脚尖向西方外掰。同时右拳以肘关节为轴，顺时针方向画圆摆打至身体右侧搬住对方。（如图）

动作二：向右转体，左脚迅速向西方迈出呈弓步。左拳变掌，随身体的转动由下向上，向西方拦出至体前，右拳落于右胯后侧。（如图）

动作三：身体向左侧转身，同时右拳经右胯向前摆打至正前方，左手立掌搭于右腕处，目视西方。（如图）

第一六九势　如封似闭势

动作一：右脚向西方跟进半步，同时左手收至右腋下。（如图）

动作二：左手沿右臂下方向前支出，随左手向前支出，身体后坐，拉动左脚后撤，重心移至右腿。右臂后撤，右手护于左臂内侧。（如图）

动作三：双手由下至上提起，提过头顶。（加图）

动作四：双手由上至下落于腹前，随双手的下落，身体重心后坐落于右脚，右腿弯曲下蹲，微收左脚。（如图）

动作五：右脚蹬地，推动左脚向西方迈出一步，呈拗势步。同时双掌由下向上向前推出，目视西方。（如图）

第一七〇势　右野马分鬃势

动作一：右脚收回，脚尖虚点落于左脚内侧，左腿弯曲下蹲。左手向上，右手向下，双手同时画弧收于身体左侧一合。（如图）

动作二：右脚向乾位方向迈出，同时右手沿顺时针方向向外展出。右肩向乾位方向靠打，左手亦沿顺时针方向画弧落于左胯外侧，呈右弓步，目视乾位方向。（如图）

第一七一势　左斜飞势

动作一：身体微向右转，左脚收回，脚尖虚点落于右脚内侧，右腿弯曲下蹲。左手向下，右手向上，双手同时画弧收于身体右侧一合。（如图）

动作二：左脚向坤位方向迈出，呈弓步。同时左手沿逆时针方向画弧向外展出，然后左手向外旋转，同时带动身体前移，右手落于右胯外侧，目视乾位方向。（如图）

第一七二势　掤势

动作一：身体左转，右手收于体前，右脚向左脚靠拢。（如图）

动作二：右脚迅速西方迈出，呈右弓步；随右脚的迈出，双掌下落至小腹前交叉，左手背搭于右腕之上。【注：左手背搭右手腕要搭实】双手沿顺时针方向由下至上画弧掤架，至于体前与头平齐处，目视西方。（如图）

第一七三势　捋势

动作一：左脚向右脚跟进半步，身体重心微后移，左腿弯曲。（如图）

动作二：双掌分开，掌心相对，继续沿顺时针方向画弧，至身体右胯外侧。同时身体重心后移落于左脚，左腿弯曲下蹲，右脚尖翘起，脚跟着地。（如图）

第一七四势　挤势

动作一：含胸，同时身体后坐。右手掌继续画弧内穿，经腹前与左手交叉于身体的左侧，左手背搭于右手腕处。（如图）

动作二：右脚向西方迈出，呈右弓步，右臂与身体同时向正前方挤出。（如图）

要点一：左手背与右手腕要搭实。

要点二：向前挤时，胸微含，右臂弯曲，以右肘向前击出。

要点三：掤捋挤三势，要求双手从身体的左侧开始由下至上，再由上至下运动，实际上是双手从身体左侧开始沿顺时针方向画一横圆而已。

第一七五势　按势

动作一：右手臂向身体左下侧斜插，同时左手掌顺右臂向下搂刨。【注：其目的护住右肘部】（如图）

动作二：双手左右分开至身体两侧，左脚向前跟半步。（如图）

动作三：双掌由下至上提起，提过头顶。（加图）

动作四：身体重心后坐落于左脚，左腿弯曲下蹲，承担重力，右脚尖翘起，脚跟着地。双掌随之由上至下落于腹前。（如图）

动作五：右脚向前迈一步，呈右弓步。同时双掌由下向上向前推出，目视西方。（如图）

要点：此势实际上是双掌从下至上，再从上至下，向前画立圆。

第一七六势　大捋势

动作一：向身体的左侧转身，右脚尖内扣，双手一合下落至身体右侧。（如图）

动作二：左脚向艮位方向迈步，呈半弓步，同时双手沿逆时针向上画圆。（如图）

动作三：双手继续画圆至体前，双脚呈左弓步。（如图）

动作四：身体重心后移，双腿呈三七劲，右腿占七成，左腿占三成。双手好似拔河状向回用寸劲带出，落在体前。（如图）

要点：在做大捋动作时，双眼要随双手的运动轨迹移动。

第一七七势　单鞭势

动作一：身体重心继续后移，落于右脚，右腿弯曲，同时收左脚至右脚内侧，脚尖虚点落地。双手继续向后画圆，右臂伸直，右手变勾手，置于身体侧后方。左手翻掌向上置于右肩前，目视艮位方向。（如图）

要点一：在身体重心前后移动的过程中，不可上下起伏，需保持在同一高度上。

要点二：大捋势与单鞭势的动作一，实际上是双手由上至下，再由下至上画一个立圆。

动作二：左脚向艮位方向迈出，呈左弓步。同时左掌呈立掌，用手掌的侧面向体前击出。右臂不动，目视艮位方向。（如图）

要点：左臂要沉肩坠肘，不要向前伸得太直。

第一七八势　蛇身下势

动作一：身体后坐，左臂沿顺时针方向向身体右侧画圆，右腿下蹲（如图）。

动作二：左手划至体前后，贴左腿像蛇穿行一样伸向左脚，身体随之前探。右手变掌，目视左手运动轨迹。（如图）

动作三：随左手前穿，重心前移。（如图）

第一七九势　右金鸡独立势

动作一：左手变掌下按，同时身体向上抬起。（如图）

动作二：带动身体重心前移，右腿弯曲提起，右脚抬至左膝同高处，护住裆部，左腿独立支撑。同时右掌贴身向前画弧至面前，右手尖与鼻尖平齐，右肘与右膝相对，左手自然按于左胯外侧，目视东方。（如图）

方位图示十八

以下动作是沿坤艮线、巽乾线演练。

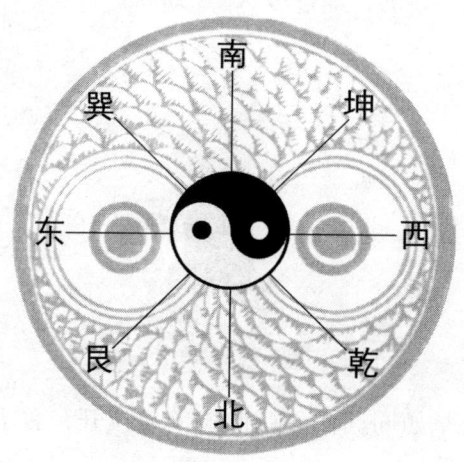

第一八〇势　左弯弓射虎势

动作一：右脚向西方落步，左腿随后抬起，左脚至于右膝旁。同时双掌沿顺时针方向画弧至身体的右侧。（如图）

动作二：左脚迅速向艮位方向迈出，呈半弓步。双手落于体前，目视巽位方向。（如图）

动作三：双手合于体前，如持弓状。（如图）

动作四：左手成拳如同握住弓弦曲臂向后拉开，右手成拳如同推弓向前

推出，双手如同开弓一般用力。（如图）

第一八一势　右弯弓射虎势

动作一：身体重心移向右腿，向左侧转体，抬左脚向乾位方向落步；右腿随后抬起，右脚至于左膝旁。同时双拳变掌，沿逆时针方向画弧至身体的左侧。（如图）

动作二：右脚迅速向巽位方向迈出，呈半弓步。双手落于体前，目视艮位方向。（如图）

动作三：双手合于体前，如持弓状。（如图）

动作四：右手成拳如同握住弓弦曲臂向后拉开，左手成拳如同推弓向前推出，双手如同开弓一般用力。（如图）

第一八二势　下栽锤势

向左转体，右拳向前下方向栽打，同时左拳收回腋下。（如图）

第一八三势　乌龙搅海势

动作一：重心左移，身体带动双臂向左由下至上顺时针画圆，如同搅动大海一般。（如图）

动作二：双臂继续画圆向上、向右搅动，同时重心右移，双手好似向前抓带一般前伸。（如图）

动作三：重心左移，双臂不停，双手捋带至体前，目视东方。（如图）

第一八四势　进步搬拦捶势

动作一：身体重心后移至左脚，左腿弯曲下蹲，右脚向北方跨出一步，脚尖向东方外掰。随身体的后移右臂收回体侧，再随右脚的迈出，以肘关节为轴，顺时针方向画弧至身体右侧搬住对方。（如图）

动作二：向右转体，左脚迅速向东方迈出呈弓步。左拳变掌，随身体的转动由下向上，向东方拦出至体前，右拳落于右胯后侧。（如图）

动作三：身体向左侧转身，同时右拳经右胯向前摆打至正前方，左手立掌搭于右腕处，目视东方。（如图）

第一八五势　如封似闭势

动作一：右脚向东方跟进半步，同时左手收至右腋下。（加图）

动作二：左手沿右臂下方向前支出，随左手向前支出，身体后坐，拉动左脚后撤，重心移至右腿。右臂后撤，右手护于左臂内侧。（如图）

动作三：双手由下至上提起，提过头顶。（加图）

动作四：再由上至下落于腹前，随双手的下落，身体重心后坐落于右脚，右腿弯曲下蹲，微收左脚。（如图）

动作五：右脚蹬地，推动左脚向东方迈出一步，呈弓步。同时双掌由下向上向前推出，目视东方。（如图）

方位图示十九

以下动作是沿东西线向东演练，直至收势。

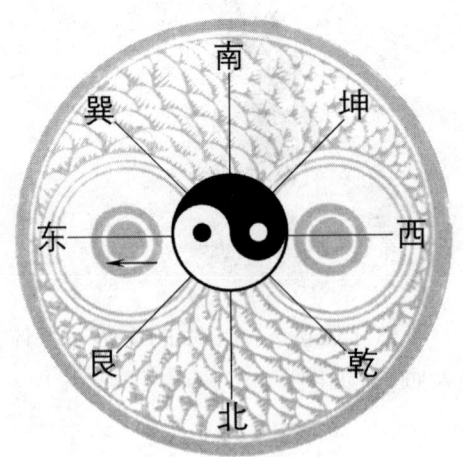

第一八六势　十字手势

动作一：向右侧转体九十度，面向南方，双脚平行，与肩同宽。双手自然下落，于腹前交叉呈十字，左手在内，右手在外，掌心向内。（如图）

动作二：左手沿逆时针、右手沿顺时针方向，双手于体前分开，同时向身体两侧画圆上架。（如图）

动作三：双手画圆下落时，身体随之下蹲至不可再蹲为止。（如图）

动作四：此时吸气，双手随吸气继续画圆至面前，左手在内，右手在外。（如图）

动作五：双手上架至头顶，掌心向内，双腿直立，吸气停。（如图）

动作六：双手内翻下按，吞咽口水，呼气，用意念引气下行。（如图）

第一八七势　合太极

动作一：双手内扣，掌心向下，缓缓按落。随双臂下落呼气，将真气缓缓送至下丹田。（如图）

动作二：双手继续分开。（如图）

动作三：双手分开，下落于身体两侧。精神内敛，眼观鼻，鼻观口，口问心。（如图）

要点：十字手的动作三，双臂抬起至胸前交叉时深吸气。合太极时，随着双臂的下落呼气，将真气慢慢运至丹田。【注：吸气时自然吸入，不用意念控制，腹部内收；呼气时气息缓慢呼出，以意念控制，好似有气运至丹田，腹部微微鼓起，即逆腹式呼吸。】

第十章　太极拳推手要领

太极拳推手又名筎手（筎，即"搭"），名称虽异但实际相同。其实在武术的各种门派中都有对打及听劲的练习方法，并非太极拳独有。不过在很多门派中，这样的方法大多是老师编排的套路，在练习时彼此往来攻防。而这些攻防是规定好的，如有一方中途改换招式，对方必定应接不暇，所以此种练习方法有时略嫌刻板。而太极拳的推手练习法则不然，练习时虽然有固定的手法，但它是千变万化，方法不一的。彼此攻防往来的招法，全凭对方的劲道及攻势而定。不过，百变不离其宗，太极拳的推手都不会出离"掤、捋、挤、按、采、挒、肘、靠"这八个字。

太极拳前辈用这八个字编排出的太极拳推手的训练方法可称是丰富多彩。有单推法、双推法、活步式、大捋等。单推为一只手，双推为双手并用。祖父曾讲："双推手亦要圆活，活步尤须手脚相合，要做到二人粘随不断，旋转不一，随屈就伸，虚实互换的地步。"这样练出来的推手，才可用于实战，否则俩人推来推去像是在玩游戏一般，毫无价值可言！前辈的（虚实诀）讲："虚虚实实神会中，虚实实虚手行动。"所以您在推手时，全凭全神贯注了，而虚实变化要用巧，俩人双手一搭您就必须要知道对方的虚实在哪里，就要用手臂的感觉力，去慎拭、注意听他劲道的变化。前辈讲练推手不懂虚实变化是枉费功夫的，因为练太极拳推手的人，如果不知道虚实的道理和作用，就等于不懂太极拳推手一样。虚实，就是一空一实，也就是一攻一守，其中何时转换是要你去听、去感觉的。再者，前辈讲："虚守实发掌中窍，中实不发艺难精。"此句说明，与对方推手时，要在掌中得到对方的窍要，探听对方的虚实究竟，逢虚则守，遇实则发，如果得着而不知发放，就等于坐失良机了。前辈还讲："虚实自有虚实在，实实虚虚攻不空。"这是说与对方推手，自己要能虚中有实，实中有虚，还要掌握对方的虚实情况，虽然本着遇虚当守、遇实则发的原则，但得着对方的实，更不能忽略对方的虚，免得上对方引进落空的当。如我以虚迎对方的实，再以实紧随其后，这必然能破对方。再着，我若以实破对方的虚，虽然以实当先，但虚守仍不离我身，这样必然安稳。所以能掌握虚实变化的原则，才不至于有落空或被对方所制的危险。

太极推手如研习好了，则能使全身富于知觉，使敌在我的掌控之中，形同玩偶一般。太极前辈讲："人的身体好似军营，眼似先行，耳似侦探，脚似战马，手似刀枪，哼声如号令，人身四肢的毛孔为五营四哨。心为元帅，以发令使号；气为号令之旗，受命立刻分发四肢毛孔，即为营四哨；腰为大纛，屹立中军，不偏不倚，监督手足的运用，也就是五营四哨之攻守。"两人在推手中，双手一搭，就如同两个阵营在对垒，举手投足必须深谙吸卸柔化、粘黏连随之理，用心去听劲，用巧及自身的智慧运用古时的兵法妙理去破解敌人的招法。这样练出来的推手，能不实用？如到战场自可杀敌报国，否则将是玩游戏一般，毫无实用价值可言！其次是在推手时的攻防进退，起身落点，还要注意以身带步、步随身换、脚随手出、手脚齐到、内外合一等要领，这个要领一定要请师父手把手地教才行。只有这样才能融会贯通地使用粘黏连随、吸卸柔化之劲。久而久之，您便会练到知觉敏捷，有触即应的境界。假如您平时忽略了推手研习，其结果就是不能应对实战，离太极拳的精华甚远了。

下面我就借太极拳前辈所总结的什么是"掤、捋、挤、按、采、挒、肘、靠"，来向读者展现它的要点。

前辈讲："掤即架、托架之意。"在太极拳中，由下而上掤架敌力，使不能攻我，或由下而上托架敌人之手臂，都称为"掤"。掤劲的功能，全发挥在两臂的圆撑力量上，这种支撑力，在任何动作中，都需主动使用。

"捋"：是以手顺着移化过去或以手借着来劲捋带的意思，当然也有舒展、摊开之意。在太极拳中，遇敌交手时，顺他的意思化散其劲称为"捋"。捋是破掤的手法，左右两捋的知觉力全在两掌，由掌的知觉力，探听对方的轻重虚实，然后可以随着捋式进招。

"挤"：是指以压力使其推出。在太极拳中，凡以手腕、臂肘推拥对方身体各部，使其不能前进都称为"挤"。挤是击出的手法，一般在捋开对方的掤式后，随以挤法进而攻之，搭手要用手和臂在对方的空隙点上挤按，如两手合挤可增加挤力。

"按"：是指用手压或摁，止住、压住之意。在太极拳中，与人交手时，用劲抑按对方身体各部，使其劲失效称为"按"。按是用两手推出之式，发出进击的力量，劲发于腰，要以腰部为主发力。

"采"：为选取、摘取。太极拳以攫取敌人之各部曰"采"，有采到、获得之意。采是用手抓实，所以十指之力最为重要，要用力嵌牢。

"挒"：与"捩"字互通，为扭转、拉扯，又有转移之意。在太极拳中，扭住敌人各部，使其前倾，或趁其来劲，使其后抑称为"挒"。挒式是取对方的全臂，即用一手抓住对方之肘，一手抓住其腕，用力向下捋带或趁其来劲，使其后抑的手法。

"肘"：是手臂弯曲向外凸起的关节。不论进攻与反击，在用时要屈回小臂，以肘顶撞或横击。武林各派拳术，均有用肘攻击对方的方法。其他武术门派用肘多以曲臂直抵敌人胸腹、肋胁各部。而在太极拳中的用肘，多在推、挤、掤、靠中求其妙用。

"靠"：即依偎、挨近之意。在拳术中有靠手、靠打等动作。太极拳中之靠手，尤为重要，无论何势，非相靠不能懂劲，而后再用粘连黏随、吸卸柔化之劲攻击对手。靠法是要用肩头靠击对方的胸部，或者用膀来靠击对方的腰肋部等。

据《箭手歌诀》讲："掤捋挤按须认真，上下相随人难进。任他巨力来打我，运用四两拨千斤。引进落空合即出，粘连黏随不丢顶。采挒肘靠更出奇，行之不用费心机，兼取轻灵并坚硬，得其环中不支离。"故此您初习推手时，要先学会听对方的劲道，双方参照《箭手歌诀》讲的及上述所阐述的要点认真地去钻研推手的关键所在，待双方完全掌握要领后，再以各种不同的招法攻击对方。因此平时俩人练推手时要模拟实战，摆脱套路的束缚，因为只有这样练您才能练出以太极之道御敌的神功来。

我们练太极拳时常讲刚柔相济，"刚是聚，柔是散。刚用的柔，则聚而不聚；柔用的刚，则散而不散。"这是什么意思呢？祖父曾跟我讲过，敌人进攻时，我方应用柔来化掉对方之力，否则会出现硬碰硬的现象，这就会造成力量小的一方吃亏，故"刚"来用"柔"化。当攻击对方时则应用刚猛之劲攻之，否则便会在攻击对方时使不出劲来。故用刚时，要以迅猛不可挡之势攻之，在推手时如果您这样应用，才算懂得"刚"、"柔"之道。

再者，一个习武者从他青少年时开始学艺，到中年时艺成，直至晚年时达到艺精，这是一个习武者的习武历程。而他的气力呢？则是从他儿童时期的柔弱，到中青年时期的旺足，再到晚年时期的气力不足，这也是一个习武者要面对的事实。所以在此也有刚柔的问题，青年时期可以用刚，而到晚年则心有余而刚不足了，所以晚年必须要用柔，而这时的"柔"实际上是他从小到老，一生的武学总结，是他武学精华的凝聚，所以此时的柔非一般的柔，这个柔才是集武学之大成的柔。太极拳是讲以柔克刚的，而太极拳拳理所讲的柔其实就是一个习武者一生的武学总结后集武学之大成的柔。您现在能理解为什么太极拳前辈讲太极十年不出门了吧！而且我在这里还没讲练太极拳还要有心性修为呢！所以练太极拳难啊！

祖父曾要求我要虚心好学，要有水一般的德行，要用太极拳来磨炼自己的心性，并在推手时要懂得因势利导，引进落空，吸卸柔化，粘连黏随之理，在与敌交手时千万不要暴露自己的真力所在，蓄力待发，要像水一样有无坚不摧的能力。所以这里的刚柔之道，以至柔破刚强之理，不正是太极拳的真义所在吗？

综上所述，太极拳推手是练搏击之道的方法，只有您真正的按照前辈们所讲的去练习，您才能知道它是多么的奥妙无穷，您才能从中受益，才能真正的理解并热爱它！

第十一章　推手歌诀详解

太极拳的推手训练是分两个阶段的。初级阶段是按照套路练习，目的是练出知觉即"会听劲"来。而高级阶段则要按照拳理及歌诀进行实战推手训练了，其目的是要从老一辈武术家所留下的只言片语中去寻找前人推手的风采。此时的推手要进入到实战状态，一开始则是一对一的推手，到一对二，再到一对三，这样训练出来的推手，才是实用的，您才敢说我懂得太极拳推手。下面我就综合前辈的经验及我对歌诀的理解，来阐述一些对推手训练有关联的歌诀，看看能否对您进入高级阶段的推手练习有所帮助。

诀曰："掤手两臂要圆撑，动静虚实任意攻。"我的理解是，"掤"要两臂圆撑，高要过肩，护住上半身，在体前画半圆状，遇敌用托架劲则为"掤"。"掤"又分单掤和双掤，单掤是左臂或右臂在体前画一半圆状。双掤是左手背搭右手腕，左右臂同时在体前划半圆状，护住上半身，当然也可以用"掤"直攻对方。前辈们讲："掤要撑得住，要点是在两腋下，两腋下好似放有两个弹簧，两臂如在弹簧之上，被弹簧力支撑着，按之则落，抬之则起，随高则高，随低则低，攻时能发出像弹簧一般的弹力。"（即以内力，向外抖发。）这样的弹劲在静时要含而不露，动时要做到得机即发。前辈讲："劲在不发动时，似棉裹铁，要做到软里藏刚。这种弹簧性的支撑活力，若能在静、动、虚、实的招法里应用出来便可胜敌。"

诀曰："搭手捋开挤撑使，敌欲还着势难逞。"如和对方互搭右手时，对方用掤式来攻击我，我就用右手抓住对方的右腕，同时左手按着对方的肘部，顺着对方的来势向着身体右侧方捋之，叫对方的掤式失去作用，到这时再急出左手，用左手背向对方的右肩下击去，并且右手抓住敌人，以辅助左手之力，也就是用两手之力，合力发出，这样则叫对方难以还手，我方则胜。

诀曰："按手用招似倾倒，二把采住不放松。"前辈讲的"按手用招似倾倒"是用双手向外齐推之意，这在太极拳中叫做按，用法是双手向对方的腹上胸下或者将对方的掤式封住后再来使用它。用的时候是在双手按下去的同时，急进步向对方的裆中直进，同时用全身的力量撞扑对方。"二把采住不放松"是说，和对方搭手时，如果把对方的手臂抓捋住了，就不可放松，即不可叫对方的手腕挣脱开，这样则好使用自己的招法进而攻击对方。

诀曰："来势凶猛挒手用，肘靠随时任意行。"前辈讲的"来势凶猛挒手用"是在讲挒的手法，如果对方攻击之势凶猛，我就急用一手找对方的腕部，一手找对方的肘部，要是得手，便急用力向身体的侧后方猛然捋带。"肘靠随时任意行"即是说如果我使用挒法，把对方捋带过来，可是对方趁着我的捋带力量用肩部向我靠打而来，我便微撤步，化解对方来势，急用左手按住对方腰眼，同时右手按住对方的左肩头，然后摇身用右肘贴住对方撤步发力便能将对方摔倒。

诀曰："进退反侧应机走，何怕敌人艺业精。"则是说明采、挒、肘、靠都能运用纯熟，进退随意了，便可在与敌交手时，得心应手，虽然对方艺高，功夫强，我也不会惧怕他。

诀曰："遇敌上前迫近打，顾住身前盼七星。"即是说既然不怕敌，就不避敌，如果畏惧迟疑，则是技击上最大的缺点，所以在和对方交手时要敢于上前。前辈讲："近人先进身，身手齐到才为真。"因为只有逼近对方才可以发招进手，而且还能先发制人。但是，在逼近对方时，必须把自己的身前顾住，要把对方使用的七个进攻部位注意到，才能得机、得势。

诀曰："敌人逼近来打我，闪开正中定横中。"如果对方用先发制人的招法来攻击我时，我便急转身，闪开我的正中线，使对方招法落空，同时我急向对方的侧身进击。也就是取对方两肩的任何一线，只要控制住对方两肩的任何一线，我方取胜就有把握。

诀曰："逢手遇掤莫入盘，粘沾不离得招难。"这是在讲推手时，如遇对方严密的掤式，即对方两腋下的弹簧性知觉很灵敏的情况下，我就采用入手的方法，叫对方不得还手，用粘沾不离即"粘黏连随"，听劲的方法使敌不易进攻，我则待机攻之。

诀曰："闭掤要上采挒法，二把得实急无援。"在推手时如遇对方掤式不易攻入，就要用采、挒的招法。如果对方已经被我抓捋住了，我就要急向右带或者趁机使用其他招法攻之，因为迟则生变，迟了会很容易被对方乘机攻人。

诀曰："按定四正隅方变，触手即占先上先。"四正就是四个正方，四隅就是四个斜角。在和对方推手时，我方不光要主动地把持着四个正方向，还要寻找对方的四个斜角的漏洞，攻击四个斜角的漏洞为的是转移对方正方向的进攻态势。再者，假如对方守住了他的四正方向，我就设法变动自己的进攻方向，去寻找对方四隅的漏点进行攻击。总的来说，就是用我的正面来袭击对方的侧面。前辈讲的"按定四正隅方变，触手即占先上先。"是在讲先发制人的方式不是以静待动的，如果对方距我太远当然可以以静待动，假如已经接上手了，就应先发制人，抢先出击。

诀曰："捋挤二法趁机使，肘靠攻在脚跟前。"在太极拳推手中，捋和挤归为一法，因为有捋必有挤，如将对方的掤式捋开，对方即可以趁势使用挤法攻之。肘靠是说明用肘、肩、胯来靠击对方时，自身的站点必须进攻在对方的脚跟之前，如在对方的左侧，就进右脚，如果在对方的右侧，就进左脚，要贴近对方招法才能使得上。我祖父曾讲"打人如亲嘴"说的就是这个理。

诀曰："遇机得实进退走，三前七星顾盼间。"这是说明和对方攻守之间，进退要随机而变，当进则进，当退则退，必须进退有法。进是进身、进手，是先发制人，而先发制人是不被对方所制的策略。退是退步，是闪展的意思，退还要根据对方的来势而变、而退。

诀曰："周身实力意中定，听探顺化神气关。"前辈讲的"周身实力意中定"是在说明以全身之力发击的方法。全身可分三节，即脚跟是根节，腰胯是中节，头颈是梢节。此三节在发力时，是否一气贯穿才是发出整力的关键。前辈讲："根节动，梢节发，三节齐到力增加。"所谓三节齐动的关键，其实在于腰上，如果腰不动，根梢二节再怎样动也不可能发出整力来。所以在技击中要以腰力为主，才能发出全身之整力来。"听探顺化神气关"是在讲推手时的听劲。听劲是和对方手腕、肘臂摩擦而生出来的知觉，这种知觉决定着您是攻、还是守。在搭手时要感觉出对方劲力的出处和劲力的方向，您就可以化解对方的来势和顺势向对方发动攻击。也就是前辈讲的沾粘连随的进攻方式。听者不是以静待动，而是在动中沉着应对，随机待取之意。探是在沉着应对中，审知对方的虚实，可攻时，就以迅雷不及掩耳之势进击，宜守时，就蓄意待机。顺的意思是不与对方的来势抗力，要随着对方的来势而争取主动，要化其来势而进我的招法，要遇虚变实，遇实变虚，要以柔化刚。大家要记住，用柔时刚要紧随其后，要以刚运柔，柔才不失其坚。即坚乃柔的本体，刚紧随其后不至于用柔时，有软弱无力的现象，其实这里讲的刚乃是用内劲运化，而这个内劲功力还需用别的功法练出来才行。"神气关"是在讲运用听、探、顺、化的当中，要全神贯注，不可怠慢，因用心不怠慢才不至于失机和错乱。您要想在推手时应付自如，非沉着、非专注不可，如紧张恐慌气必上浮，气一上浮便会动作错乱则易被敌乘。

诀曰："见实不上得攻手，何日功夫是体全。"在虚实的运用上，如果真正的得势，比如已抓住了对方，就应该立刻放手发招，不可错过机会，如果得势时，却没有立即发招制敌，便会错失良机有体无用了。

诀曰："操练不按体中用，修到终期艺难精。"练太极拳的人要明白体和用的关系，如练拳得到健康或练真力上了身，就算得到本拳的拳义了，您若能在技击上随时应用，以它的功夫来克敌制胜，才算集其大成。前辈讲："功夫好练，劲难得，能练筋长一分，不练肉厚一寸。"这是在说不能像有些人肥得流油，一看就是好久没练的样子，平时光耍嘴皮子了，劲力根本就没上身，所以才是修到终期艺难精啊！

诀曰："三换二捋一挤按，搭手遇掤莫让先。""三换二捋一挤按"是在说推手的过程中要有二捋一挤按的手法，来破对方掤的守式，这便于找空进手发招。如果三次换手还得不到二捋一挤按的时候，就知道对方是难以取胜的高手，就要想办法了。下半句，在和对方推手时，如遇对方的掤式难以制胜时，就要去寻他法攻击他了，比如，要以先发制人的方式进攻为好，不能让对方占先，先来制我了。

诀曰："避人攻守要采挒，力在惊弹走螺旋。"这是在讲假如对方向我逼近，我要封住对方，然后要用采挒的手法破解对方的锋锐，使对方失去攻或守的时机。下半句是在讲，如果与对方搏斗纠缠不清的时候，就要用弹力向外抖发对方，或用转环力卸去对方的来势，以化除对方得手进攻的招式。

诀曰："逞势进取贴身肘，肩胯膝打靠为先。"如与对方交手时，能够逞势进身而手被对方封住来不及进去时，即可屈臂用肘来击打他。又如对方来势凶猛，我来不及还手闪避时，也可顺来势用肘击之。如与对方贴身纠缠肘用不上时，就用肩靠胯打和膝盖顶撞的方法攻击对方。这些都是靠近对方使用的招法，如使用他法则有被对方所乘的危险。

诀曰:"乱环术法最难能,上下随合妙无穷。"太极拳是以圆的变化为基础的。乱环是表示太极拳没有固定的画圆方式,例如在手法上有高低、进退、出入、攻守等,这些其实都在画圆,而这圆是变化的,有大圆、小圆、平圆、立圆、斜圆、正圆和有形圆与无形圆的区别,并且又分以大克小,以斜克正,以无形克有形。什么是无形的圆?就是在出手攻击时,使用的是螺旋力,所以虽然看似直入直出,但是只要接触对方,便显示出直进是由螺旋力推动的。在随着对方的来手上下进退,并能在顺随之中待机地发挥螺旋力的作用,便能出手克敌。

诀曰:"陷敌深入乱环内,四两千斤招法成。"这是在讲要将敌人诱入我的无形圆内,使对方失去主动性,再受我无形的螺旋力牵制,即可找到得心应手的机会。这时只要四两的劲就可破对方的千斤力,俗称"四两拨千斤"。四两拨千斤是以小力胜大力之意,并非纯四两来拨真千斤。前辈讲:"练成千斤力,只费四两功。"就是在讲要有千斤的收获,用时只用四两的力量便能达到成功。例如对方以全身的整力如同千斤之势来袭我时,因我用圆化走来力,使他失去重心,就可以称用四两拨动千斤了。

通过上述歌诀不难看出,太极拳其实是很凶猛的拳种,非大家想象的那样柔柔的、慢慢的。这个不难理解,因为您在平时练趟拳,一是为了养生,二是为了化掉身上的僵劲,便可以柔柔的、慢慢的。而练推手则不然,因为推手练的是实战,练的是自卫防身的本领,故此不凶猛是不行的。而习练者如把精神全部观注在内力外发打人上,不知转换进行调养,其后果是严重的。因为习练者此时已经感觉到自身有功力了,很容易自大、目中无人,爱去逞强斗狠争第一。这些人常有显露自己本事的冲动和欲望,便爱与别人盲目地比手,这会给同门及自身带来伤害。二是这些人的精神长期处于这种不良冲动下,精神方面还会出现问题,比如得癫狂症、失心疯这样的精神疾病,严重时逢人便打,会变成名副其实的武疯子,最终的结果是被送入精神病院。故此学搏击打人还得要先学会控制自己,要有武德及门规来加以约束,要用道家的心性修为,把逞强争第一的欲望内收,变成滋养内部的根本,否则后患无穷。您有空看看庄子的"斗鸡",便能理解把争斗的欲望内收,会给一个习武者带来什么样的好处。您看,过去的习武者哪个不是谦逊、礼让做人的,他们的外表从不显露出会练武的样子,可一旦动起手来,他们个个都是高手,这就是一个习武者应有的修养和内涵。

贫道还望习练者不要把搏击练习当儿戏，要谨慎对待才是。前辈用此法训练出的士兵，是用于战场杀敌的，故要激发士兵的斗志，用此法训练完毕就去战场了，因此不需要什么心性修为来约束自己的那颗心，可现在不同了，在如今的法制社会里你打谁、杀谁去呀！因此平时一定要增加自身的修养及德行，要以德服人，千万不要做一个人人鄙视的武夫啊！

第十二章 太极推手演练法

祖父传我的太极拳推手中包含了太极拳"掤、捋、挤、按、采、挒、肘、靠"这八字的精华，望习练者从下面的推手练习中细细地去品味。而"粘黏连随、吸卸柔化"的应用是必须先从听劲训练着手的。何为听劲呢？就是两个人在搭手过程中，调动身体的五营四哨，全身心地感知对方的真力所在，运用粘、黏、连、随、吸、卸、柔、化这八个字来化解对方的劲力。定步单推手就是这种训练之一。

推手练习法一：定步单推手1（右手）

预备式【注：以下所有推手演练中，玉昆子道长为甲。】

甲乙两人对立，各出右脚在前、左脚在后，呈半弓步。互举右手相搭，手臂相接，听对方劲道。（如图）

【注：双手相搭时，不要用眼睛盯住对方，要用感觉感知对方劲道。用眼看则会落入到后天头脑的分析之中，反应便会变慢；如用先天的感觉感知，则是用身体及心灵去感受对方，如此则会反应敏捷。】

一、甲右手向乙胸部击打，屈右腿，呈弓步。乙屈左腿后坐，右臂化甲按劲。（如图）

二、乙右转身，右手向右掤化甲右手。（如图）

三、乙右掌顺势击打甲胸部，屈右腿，呈弓步。甲屈左腿后坐，右臂化乙按劲。（如图）

四、甲右转身，右手向右掤化乙右手。（如图）如此循环往复练习。

推手练习法一：定步单推手1（左手）

预备式：甲乙两人对立，各出左脚在前、右脚在后，呈半弓步。互举左手相搭，手臂相接，听对方劲道。（如图）

一、甲左手向乙胸部击打，屈左腿，呈弓步。乙屈右腿后坐，左臂化甲按劲。（如图）

二、乙左转身，左手向左掤化甲左手。（如图）

三、乙左掌顺势击打甲胸部，屈左腿，呈弓步。甲屈右腿后坐，左臂化乙按劲。（如图）

四、甲左转身，左手向左掤化乙左手。（如图）如此循环往复练习。

推手练习法二：定步单推手2（右手）

预备式：甲乙两人对立，各出右脚在前、左脚在后，呈半弓步。互举右手相搭，手臂相接，听对方劲道。（如图）

一、甲右手向乙腹部按打，屈右腿，呈弓步。乙屈左腿后坐，右臂向下化甲右手。（如图）

二、乙右转身，右臂由下向上掤起甲右手。（如图）

三、乙右手顺势向甲腹部按打，屈右腿，呈弓步。甲屈左腿后坐，右臂向下化乙右手。（如图）

四、甲右转身，右臂由下向上掤起乙右手。（如图）

五、甲右手顺势向乙腹部按打，屈右腿，呈弓步。乙屈左腿后坐，右臂向下化甲右手。（如图）如此循环往复练习。

推手练习法二：定步单推手 2（左手）

预备式：甲乙两人对立，各出左脚在前、右脚在后，呈半弓步。互举左手相搭，手臂相接，听对方劲道。（如图）

一、甲左手向乙腹部按打，屈左腿，呈弓步。乙屈右腿后坐，左臂向下化甲左手。（如图）

二、乙左转身，左臂由下向上掤起甲左手。（如图）

三、乙左手顺势向甲腹部按打，屈左腿，呈弓步。甲屈右腿后坐，左臂向下化乙左手。（如图）

四、甲左转身，左臂由下向上掤起乙左手。（如图）

五、甲左手顺势向乙腹部按打，屈左腿，呈弓步。乙屈右腿后坐，左臂向下化甲左手。（如图）如此循环往复练习。

【注：推手过程中，下化、掤起、按打的动作是连贯一致的，是不停顿的，为了读者能够清晰地看到整个过程，所以分解拍摄。】

推手练习法三：定步双推手1（右脚在前练习换手）

预备式：甲乙两人对立，各出右脚在前、左脚在后，呈半弓步。互举右手相搭，手背相对，腕部相交，左手搭住对方右肘外侧，听对方劲道。（如图）

一、甲双手内旋，按打乙胸腹部。乙重心后坐，同时左转身，右臂化甲按劲。（如图）

二、乙右臂由下向上、由右到左顺时针掤化甲右臂，重心随之前移。（如图）

三、乙顺势按打甲胸腹部。甲重心后坐，右臂卸化乙按劲，同时左手离开乙右肘。（如图）

四、甲左手贴右臂内穿，以左手背接乙左手。（如图）

五、甲左手掤起乙左手，同时重心前移。（如图）

六、甲右手迅速搭住乙左肘。（如图）

七、甲搭住乙左肘后，顺势按打乙。乙重心后坐，左臂卸化甲按劲，同时右手离开甲左肘，贴左臂内穿。（如图）

八、乙以右手背接甲右手，向上掤起甲右手。（如图）

九、乙左手迅速搭住甲右肘。（如图）

十、乙左手搭住甲右肘后，顺势按打甲。甲重心后坐，右臂卸化乙按劲，同时左手离开乙右肘。（如图）

十一、甲左手贴右臂内穿，以左手背接乙左手。（如图）

十二、甲左手掤起乙左手，同时重心前移，右手迅速搭住乙左肘。（如

图）如此循环往复练习。

推手练习法三：定步双推手1（左脚在前练习换手）

预备式：甲乙两人对立，各出左脚在前、右脚在后，呈半弓步。互举左手相搭，手背相对，腕部相交，右手搭住对方左肘外侧，听对方劲道。（如图）

一、甲双手内旋，按打乙胸腹部。乙重心后坐，同时左臂化甲按劲。（如图）

二、乙左臂由下向上、由左到右逆时针掤化甲右臂,重心随之前移。(如图)

三、乙顺势按打甲胸腹部。甲重心后坐,右臂卸化乙按劲,同时左手离开乙右肘。(如图)

四、甲右手贴左臂内穿,以右手背接乙右手。(如图)

五、甲右手掤起乙右手，同时重心前移，左手迅速搭住乙右肘。（如图）

六、甲搭住乙右肘后，顺势按打乙。乙重心后坐，右臂卸化甲按劲。（如图）

七、乙左手离开甲右肘，贴右臂内穿，以手背接搭掤起甲左手。（如图）

八、乙以右手迅速搭住甲左肘。(如图)

九、乙右手搭住甲左肘后,顺势按打甲。甲重心后坐,左臂卸化乙按劲,同时右手离开乙左肘。(如图)

十、甲右手贴左臂内穿,以右手背接乙右手。(如图)

十一、甲右手掤起乙右手,同时重心前移,左手迅速搭住乙右肘。(如

图）如此循环往复练习。

推手练习法四：定步双推手2

预备式：甲乙两人对立，各出右脚在前、左脚在后，呈半弓步。互举左手相搭，手背相对，腕部相交，听对方劲道。（如图）

一、乙右腿前弓，同时两手内旋，以右手搭甲左肘向甲胸部按去；甲屈左腿后坐，含胸柔化，化去乙之按劲。（如图）

二、趁势左手外旋，右手搭乙左肘，听劲向自己身体的左侧掤化。（如图）

三、甲身体左转，左腕随掤随化，使乙按劲脱离我之重心，再借乙劲，双手向左后捋出。（如图）

四、乙右手离开甲左肘，移至自己左肘内侧，左臂随甲捋劲向左挤出。甲顺乙之挤势，含胸按化乙挤劲。（如图）

五、甲下按不停,双手画立圆,向乙胸腹部按去。(如图)

六、乙以腰为轴,屈左腿后坐,含胸柔化,向自己身体的左侧扭转,以左手黏着甲的左手背,右手搭住甲左肘,听劲向自己身体的左侧掤化。(如图)

七、乙身体左转,左腕随掤随化,借甲劲,双手向左后捋出。(如图

八、甲右手移至自己左肘内侧，左臂随乙捋劲向乙挤出。乙顺甲之挤势，含胸按化甲挤劲。（如图）

九、乙重心前移，双手画立圆向甲按去。甲屈左腿后坐，听劲化乙按劲。右手下落，准备接搭乙右臂。（如图）

十、甲右臂接搭乙右手，身体同时右转，向右掤化乙双手。（如图）至此搭手形式换手。

十一、甲身体继续右转，左手迅速搭住乙右肘。（如图）

十二、甲顺势屈右腿，呈弓步，双手按向乙胸腹部；乙屈左腿重心后坐，含胸柔化甲按劲。（如图）

十三、乙身体右转，双手向右上掤化甲右臂。（如图）

十四、乙身体右转，右腕随掤随化，借甲劲，双手向右后捋出。（如图）

十五、甲左手移至自己右肘内侧，右臂随乙捋劲向乙挤出。乙顺甲之挤势，含胸按化甲挤劲。（如图）

十六、乙下按不停，双手画立圆，向甲胸腹部按去。（如图）

十七、甲屈左腿后坐，听劲化乙按劲。左手下落，准备接搭乙左臂。（如图）

十八、甲左臂向上掤起乙双手，重心前移。（如图）至此搭手形式再次换手。

十九、甲身体左转，右手迅速搭住乙左肘。（如图）

二十、甲顺势屈右腿，呈弓步，双手按向乙胸腹部。乙屈左腿重心后坐，含胸柔化甲按劲。（如图）如此循环往复。

注：可按照掤、捋、挤、按顺序，循环往复。

注：在推手中，以手臂的听对方劲道，一旦感觉对方一发力，不等对方劲力用老，马上转化。

推手练习法五：活步推手

预备式：甲乙两人对立，各出右脚在前、左脚在后，呈半弓步。互举右手相搭，手背相对，腕部相交，听对方劲道。（如图）

一、甲双手按乙，屈右腿，呈弓步。乙屈左腿后坐，含胸柔化。（如图）

二、乙右手黏住甲右手背，左手搭甲右肘，向右掤化甲。（如图）

三、乙右转身，撤右腿，重心随之后移，同时双手向右下捋甲。（如图）

四、甲随乙撤步进左脚，左手背搭右肘内侧，挤乙。（如图）

五、乙屈右腿后坐，重心后移，双手按化甲挤劲。（如图）

六、乙双手画立圆向甲按去，甲重心后坐，化乙按劲，左手下落。（如图）

七、甲左手自右臂下穿出，搭住乙双手，向上掤化。（如图）

八、甲身体左转，右手迅速搭住乙左肘。（如图）

九、甲左转身，左腿后撤，重心随之后移，同时双手向左下捋乙。（如图）

十、乙随甲撤步进右脚，右手背搭左肘内侧，挤甲。（如图）

十一、甲屈左腿后坐，重心后移，双手按化乙挤劲。（如图）

十二、甲重心前移，屈右腿呈弓步，双手向乙按去。乙重心后坐，化甲按劲。（如图）

十三、乙左转身，双手掤化甲左臂。（如图）

十四、乙双手按甲左臂,向甲胸腹部按去。甲重心后坐,化乙按劲,右手下落准备接搭乙右手。(如图)

十五、甲右臂自乙左臂下穿出,迅速搭住乙双手,向上掤化。(如图)

十六、甲身体右转,左手迅速搭住乙右肘。(如图)

十七、甲右转身，右腿后撤，重心随之后移，同时双手向右下将乙。（如图）

十八、乙随甲撤步进左脚，左手背搭右肘内侧，挤甲。（如图）

十九、甲屈右腿后坐，重心后移，双手按化乙挤劲。（如图）

二十、甲重心前移，屈左腿呈弓步，双手向乙按去。乙重心后坐，化甲按劲。（如图）

二十一、乙左手自右臂下穿出，搭住甲双手，向上掤化。（如图）

二十二、乙身体左转，右手迅速搭住甲左肘。（如图）

二十三、乙左转身,左腿后撤,重心随之后移,同时双手向左下将甲。(如图)

二十四、甲随乙撤步进右脚,右手背搭左肘内侧,挤乙。(如图)

二十五、乙屈左腿后坐,重心后移,双手按化甲挤劲。(如图)

二十六、乙双手画立圆向甲按去。甲重心后坐，化乙按劲。（如图）

二十七、甲左转身，双手掤化乙左臂。（如图）

二十八、甲双手按乙左臂，向乙胸腹部按去。乙重心后坐，化甲按劲，右手下落准备接搭甲右手。（如图）

二十九、乙右手自左臂下穿出，迅速搭住甲双手，向上掤化。（如图）

三十、乙身体右转，左手迅速搭住甲右肘。（如图）

三十一、乙右转身，右腿后撤，重心随之后移，同时双手向右下捋甲。（如图）

三十二、甲随乙撤步进左脚，左手背搭右肘内侧，挤乙。（如图）

三十三、乙屈右腿后坐，重心后移，双手按化甲挤劲。（如图）

三十四、乙重心前移，屈左腿呈弓步，双手向甲按去。甲重心后坐，化乙按劲。（如图）

三十五、甲左手自右臂下穿出，搭住乙双手，向上掤化。（如图）

三十六、甲身体左转，右手迅速搭住乙左肘。（如图）如此循环往复练习。

推手练习法六：大捋（右捋右靠）

预备式：甲乙两人南北对立，甲面向南方乙面向北方，呈小开步对立。（如图）

一、甲乙双方互举右手相搭，手臂相交，听对方劲道。（如图）

二、乙右脚上前半步，双手按甲右臂。（如图）

三、甲右转身，含胸闪化，以右臂黏住乙右腕，左手搭乙右肘，向右掤化乙。（如图）

四、甲右脚向右后方斜退一步，同时双手翻手向右后将乙。乙顺甲采将

之劲，左脚向左横跨一步。（如图）

五、乙迈右脚插向甲裆部之间，左手搭右肘内侧，以肩部靠打甲胸部。（如图）

六、甲微向后闪身，左手下化乙靠劲。（如图）

七、甲迅速进身，以右掌打向乙面部。（如图）

八、乙右臂自下向上搭住甲右手，掤化甲，同时右转身，左脚向身前上一步。（如图）

九、乙以左脚为轴，摇身右转，右脚向身后撤步，右手拿甲右腕，左手搭住甲右肘，双手下翻捋甲（此势称之为摇身大捋）。（如图）

十、甲随乙大捋之势右转身，左脚横跨一步，面向乙，右腕与乙右腕相接，左手搭住乙右肘外侧。双方呈双搭手势对立。这就是大捋的第一个"一

捋一靠"。(如图)

十一、甲右脚上前半步,双手按乙右臂。(如图)

十二、乙右转身,含胸闪化,以右臂黏住甲右腕,左手搭甲右肘,向右掤化甲。(如图)

十三、乙右脚向右后方斜退一步,同时双手下翻向右后方捋甲。甲顺乙采捋之劲,左脚向左横跨一步。(如图)

十四、甲迈右脚插向乙裆部之间，左手搭右肘内侧，以肩部靠打乙胸部。（如图）

十五、乙微后闪身，左手沉化甲靠劲。（如图）

十六、乙迅速进身，以右掌打向甲面部，甲提右臂接搭乙右臂。（如图）

十七、甲右转身，右臂黏住乙右臂，掤化乙，左手搭于乙右肘，同时左脚向身前上一步。（如图）

十八、甲以左脚为轴，摇身右转，右脚向身后撤步，双手下翻将乙（摇身大捋）。（如图）

十九、乙随甲大捋之势右转身，左脚横跨一步，面向甲，右腕与甲右腕

相接，左手搭住甲右肘外侧，双方呈双搭手势对立。至此完成第二个"一捋一靠"。（如图）

二十、乙右脚上前半步，双手按甲右臂。（如图）

二十一、甲右转身，含胸闪化，以右臂黏住乙右腕，左手搭乙右肘，向右掤化乙。（如图）

二十二、甲右脚向右后方斜退一步，同时双手翻手向右后捋乙。乙顺甲

采挒之劲,左脚向左横跨一步。(如图)

二十三、乙迈右脚插向甲裆部之间,左手搭右肘内侧,以肩部靠打甲胸部。(如图)

二十四、甲微向后闪身,左手下化乙靠劲。(如图)

二十五、甲迅速进身,以右掌打向乙面部。(如图)

二十六、乙右臂自下向上搭住甲右手,掤化甲,同时右转身,左脚向身前上一步。(如图)

二十七、乙以左脚为轴,摇身右转,右脚向身后撤步,右手拿甲右腕,左手搭住甲右肘,双手下翻捋甲(摇身大捋)。(如图)

二十八、甲随乙大捋之势右转身,左脚横跨一步,面向乙,右腕与乙右

腕相接，左手搭住乙右肘外侧，双方呈双搭手势对立。这就是大捋的第三个"一捋一靠"。（如图）

二十九、甲右脚上前半步，双手按乙右臂。（如图）

三十、乙右转身，含胸闪化，以右臂黏住甲右腕，左手搭甲右肘，向右掤化甲。（如图）

三十一、乙右脚向右后方斜退一步,同时双手下翻向右后方将甲。甲顺乙采将之劲,左脚向左横跨一步。(如图)

三十二、甲迈右脚插向乙裆部之间,左手搭右肘内侧,以肩部靠打乙胸部。(如图)

三十三、乙微后闪身,左手沉化甲靠劲,提右掌打向甲面部。(如图)

三十四、乙迅速进身,以右掌打向甲面部。(如图)

三十五、甲右转身,右臂黏住乙右臂,掤化乙,左手搭于乙右肘。(如图)

三十六、甲右转身,左脚向身前上步,双手下压乙右臂。(如图)

三十七、甲以左脚为轴，摇身右转，右脚向身后撤步，双手下翻挒乙（摇身大挒）。（如图）

三十八、乙随甲大挒之势右转身，左脚横跨一步，面向甲，右腕与甲右腕相接，左手搭住甲右肘外侧，双方呈双搭手势对立。至此完成第四个"一挒一靠"。（如图）

至此，甲乙双方回到甲面向南方、乙面向北方的对立之势，如此循环往复练习。

推手练习法六：大挒（左挒左靠）

预备式：甲乙两人南北对立，甲面向南方乙面向北方，呈小开步对立。（如图）

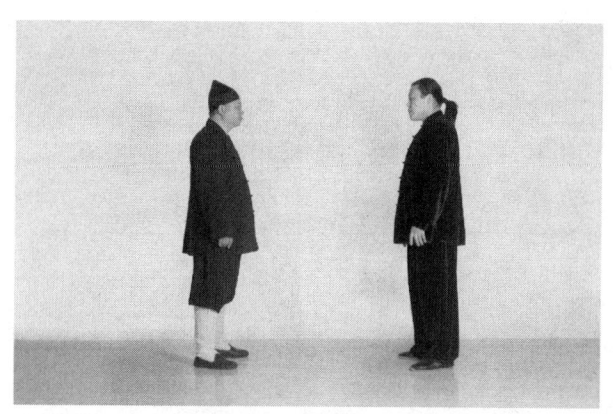

一、甲乙双方互举左手相搭,手臂相交,听对方劲道。(如图)

二、乙左脚上前半步,双手按甲左臂。(如图)

三、甲左转身,含胸闪化,以左臂黏住乙左腕,右手搭乙左肘,向左掤化乙。(如图)

四、甲左脚向左后方斜退一步,同时双手翻手向左后捋乙。乙顺甲采捋之劲,右脚向右横跨一步。(如图)

五、乙迈左脚插向甲裆部之间,右手搭左肘内侧,以肩部靠打甲胸部。(如图)

六、甲微向后闪身,右手下化乙靠劲。(如图)

七、甲迅速进身,以左掌打向乙面部。(如图)

八、乙左臂自下向上搭住甲左手,掤化甲,同时左转身。(如图)

九、乙右脚向身前上一步，以右脚为轴，摇身左转，左脚向身后撤步，左手拿甲左腕，右手搭住甲左肘，双手下翻捋甲（摇身大捋）。（如图）

十、甲随乙大捋之势左转身，右脚横跨一步，面向乙，左腕与乙左腕相接，右手搭住乙左肘外侧，双方呈双搭手势对立。完成大捋的第一个"一捋一靠"。（如图）

十一、甲双手按乙左臂。（如图）

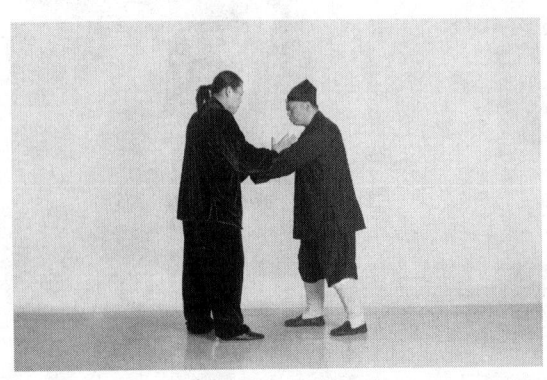

十二、乙左转身，含胸闪化，以左臂黏住甲左腕，右手搭甲左肘，向左掤化甲。（如图）

十三、乙左脚向左后方斜退一步，同时双手下翻向左后方捋甲。甲顺乙采捋之劲，右脚向右横跨一步。（如图）

十四、甲迈左脚插向乙裆部之间，右手搭左肘内侧，以肩部靠打乙胸部。（如图）

十五、乙微后闪身,右手沉化甲靠劲。(如图)

十六、乙迅速进身,以左掌打向甲面部。(如图)

十七、甲右转身,提左臂接搭乙左臂,右手搭住乙左肘外侧,掤化乙。(如图)

十八、甲右脚向身前上一步，继续以右脚为轴，摇身左转，左脚向身后撤步，双手下翻捋乙（摇身大捋）。（如图）

十九、乙随甲大捋之势左转身，右脚横跨一步，面向甲，左腕与甲左腕相接，右手搭住甲左肘外侧，双方呈双搭手势对立。至此完成第二个"一捋一靠"。（如图）

二十、乙左脚上前半步，双手按甲左臂。（如图）

二十一、甲左转身,含胸闪化,以左臂黏住乙左腕,右手搭乙左肘,向左掤化乙。(如图)

二十二、甲左脚向左后方斜退一步,同时双手翻手向左后将乙。乙顺甲采将之劲,右脚向右横跨一步。(如图)

二十三、乙迈左脚插向甲裆部之间,右手搭左肘内侧,以肩部靠打甲胸部。(如图)

二十四、甲微向后闪身，右手下化乙靠劲。（如图）

二十五、甲迅速进身，以左掌打向乙面部。（如图）

二十六、乙左臂自下向上搭住甲左手，掤化甲，同时左转身，右脚向身前上一步。（如图）

二十七、乙以右脚为轴，摇身左转，左脚向身后撤步，左手拿甲左腕，右手搭住甲左肘，双手下翻挒甲（摇身大挒）。（如图）

二十八、甲随乙大挒之势左转身，右脚横跨一步，面向乙，左腕与乙左腕相接，右手搭住乙左肘外侧，双方呈双搭手势对立。至此完成大挒的第三个"一挒一靠"。（如图）

二十九、甲双手按乙左臂。（如图）

三十、乙左转身，含胸闪化，以左臂黏住甲左腕，右手搭甲左肘，向左掤化甲。（如图）

三十一、乙左脚向左后方斜退一步，同时双手下翻向左后方捋甲。甲顺乙采捋之劲，右脚向右横跨一步。（如图）

三十二、甲迈左脚插向乙裆部之间，右手护肩，以肩部靠打乙胸部。（如图）

三十三、乙微后闪身，右手下化甲靠劲。(如图)

三十四、乙迅速进身，以左掌打向甲面部。(如图)

三十五、甲右转身，提左臂接搭乙左臂，右手搭住乙左肘外侧，掤化乙。(如图)

三十六、甲右脚向身前上一步，继续以右脚为轴，摇身左转，左脚向身

后撤步，双手下翻捋乙（摇身大捋）。（如图）

三十七、乙随甲大捋之势左转身，右脚横跨一步，面向甲，左腕与甲左腕相接，右手搭住甲左肘外侧。双方呈双搭手势对立。至此完成第四个"一捋一靠"。（如图）

至此，甲乙双方回到甲面向南方、乙面向北方的对立之势。如此循环往复练习。

推手练习是一种很有意思的运动模式，您会上瘾的。往往太极拳爱好者练到此便会爱不释手停止不前了，把全身心都投入到俩人的互推上，可他们忘了练武不练功到老一场空的话了。您如没有内功、内力，天天研究什么"粘黏连随、吸卸柔化"那将是无用的，而且是到老一场空的！再者，武术不是光讲打斗的，更讲修德，而且是要以德服人的。您看古人有句谚语"打死会武的，淹死会水的。"其中的含义是什么？望大家还要深思！

第十三章　力量型练习的必要性

不管是何种武术、何种门派，其实都有它独特的练功功法，这里说的功，实际上指的是内功与外功综和练习后，真正养上身的功夫，力量型的练习就是练"外功"的一种。您看，师父在传授功法时，往往提醒自己的学生要下功夫，要把劲力练上身，不要光练那些所谓的招法。可是，经常是事与愿违的：在我们的周围您也许会看到或者是听到有些习武者埋怨自己所学的招法在实际搏击中不好使、用不上。其实这里面有两方面的原因。一、如果您练的是那种花拳绣腿的花架子，当然用不上，这不用埋怨。二、如果师父传授的是真功夫，您没下功夫去练，那就是另外一回事了。

习武者因怕累、怕吃苦，而不去苦练师父传授的内容，这个习武者就根本不可能体会到武术中的奥妙所在，再加上他不去研习拳法的理论，那他就更弄不清怎样能练出好功夫来。这种习武者即使知道了最佳的搏击技术，背诵了大量的拳谱理论，但不下功夫苦练师父传授的增长力量的内容，不用身心肌体去体验劲力、劲法，不饱尝抻筋拔骨的磨砺，到头来也只能是徒有空招，欺人骗己而已，艺没有真正的上身，什么都是徒劳的。俗话说"练武不练功，到老一场空"，便是此理。

写到此，我想起了司马迁《史记·周本纪》中记载的故事：有位叫养由基的射箭高手，能离柳叶百步之外而百发百中。有一次他给大家表演射技，左右的观众有上千人，都夸赞他箭射得好。其中有一位看客，对他说："你射得真好，能不能把你的射箭之法教给我呢？"养由基说："可以，射箭的方法是左手托箭要稳，如同依附在泰山上一样，右手拉弦要有力，姿势好似怀抱婴儿。"不等养由基说完，看客就急忙按照他说的方法射起来，却屡屡不中，他只好再次请教，养由基说："百发百中之功，岂能在朝夕之间练成！你没有臂力，怎能求稳呢！非三年力量型练习不可。"

上述故事说明招法靠功夫体现，靠在不断演练过程中，悟出新道理，演绎出新技法，以此来充实功夫的内涵，完善武艺的功效和搏击的技能、技巧。古人讲："久久为功"，因此功夫也可以理解为是身心的投入、实践经验的积累，是把正确的技法、招法、方法练成型，并通过练功改变人体的体能，"法"是通过长久不懈的练习而养成的。"法"必须融会到自己身上，渗透到骨头里，悟化到心灵深处，您才能在搏击中得心应手、运用自如，这样才能达到"拳无拳、意无意、无意之中是真艺"的上乘境界。由此看来，靠一本所谓的秘诀、几句真传，甚至说什么做了个梦，梦中某某大仙或大师教了几手绝招，就成了武术家、搏击家，纯属无稽之谈。

学会了练功的方法，懂得了拳术的基本道理，这只不过是练武的开始而已，如果您想在惊心动魄的格斗中达到出神入化、运用自如、稳操胜券的境界，就必须下苦功夫增长自身的力量，真正做到艺上身。由此看来，前辈讲的"法靠传、功靠练、传法难传功"的道理，是多少代武术家在一生的行武生涯中体会出来的"真经"啊！

我祖父曾给我讲过一个练玉带功的故事：从前，有一户庄稼人，因有几垧好地，日子过得很富裕。可好景不长，有一个姓黄的财主不但家大业大，而且还练过几手功夫，他觊觎这块好地，想方设法地把地弄到了手。庄稼人在上告的路上被黄财主派人暗害了，母亲悲痛之下喝卤水自杀了，只留下一个小男孩。小男孩因思念自己的双亲，天天流泪哭泣，竟把双眼也给哭瞎了。男孩发誓要为父母报仇，便四处打探哪里有武术名师，好学艺报仇。终于打听到李老能的住处，便登门求教。李老能一见他双目失明，且知道他身世后很是同情，可惜的是他双目失明，如何练拳呢？李老能想了想，手牵着孩子走到一块大石头旁，说："孩子，你每天就到这里抱这块石头，当你能把这块石头抱起时，你就能报仇了。"

孩子从此天天坚持去抱巨石。一晃九年过去了，他已长成了青年人，终有一天，他能双臂抱起巨石。李老能见状，便说："孩子，你可以去报仇了。你过来，我教你接近他的方法。"第二天，这个小伙子就来到黄财主家。上前敲门后，对门房说："听说你家主人为乡里做了很多善事，我想见见他，你能请他出来吗？"

正在这时黄财主腆着肥大的身躯出来了，问："你这年轻人想见我何干呢？"孩子说："听说您为乡里做了很多善事，我虽然是个瞎子，可也想知道您的长相，好为您祈福颂德。"黄财主说："你是个瞎子怎样才能看到我啊？"小伙子说："您让我摸摸，我就能知道您长相轮廓。"黄财主点头说："好吧，你过来吧。"小伙子一边摸着黄财主的脸一边说："摸您的面相就知道您老是有大福报之人啊！"说着说着，小伙子突然一蹲身，拦腰抱住黄财主，双臂往怀中用力一勒，黄财主立时肋骨尽折，七窍流血，倒于地上。小伙子大仇终于得报。您看，一个瞎子通过刻苦的练习都能完成心愿，何况咱们健全的人呢！通过练玉带功的故事便能清楚地认知力量型训练是多么的重要！

其实，力量型练习在过去的武林界，尤为重视。因为力量型练习的目的是在搏击过程中，增加自身的力量而处于优势。我就以历代武举的科考科目里有关力量型的内容为例来阐述此观点。

武举，又称"武科"，在武艺考的各科目中力量大小和力量技巧的运用都占有十分重要的地位。在这里，我单以力量大小和力量技巧的运用对武艺考的实际作用来说明力量型练习的重要性。

唐朝创立的武举制，根据不同典籍的记载可大致归纳出的考试科目有：翘关、负重、长垛、骑射、马枪、穿劄、步射、言语、材貌等。"翘关"是一种举重考试的方法，也称"拓关"，其中所用的"关"是一种"长一丈七尺、径三寸半"的顶城门用的门闩（根据出土的唐朝镂花铜尺，一尺为现代的0.3135米，一丈七尺约为5.33米，可以推想，一根长5.33米、直径约11厘米的铁门闩，其重量少说也接近二百斤），考试时要求武举"率以五次上为第，凡十举后，手持关，距出处无过一尺。"意思是说，应试者连续举十次后，还要测量脚移动的距离，要求脚移动离原地不出一尺，否则不计分。"负重"是一种测试负重力和耐力的考试，要求武举"负米五斛，行二十步，皆为中第"（古时十斗为一斛，即一石，五石米的重量至少有四百余斤）。肩挑五石米走二十步才为中第，可想而知，当时武举的头等者，负重要五百斤左右，这样的力量是惊人的。"长垛"是将用布帛制成的箭靶置于一百零五步远处，画上五个圆，应试者用一石力的弓、六钱重的箭来射，三十支箭都不出第三圆方可为入第，在三圆中能入中心圆的为上，入第二圆的为次上，入外圆的为次。"骑射"即马射，将两只靶子并列放置在校场周围的土墙上，应试者骑在马上，手持七斗力的弓，在跑马穿过校场的过程中，拉弓放箭，发出两箭都中靶为上，一箭中一箭不中为次上，都不中为次。"马枪"考试时，以一段木头比拟为人形，放一块方木板在头顶上，将四个这样的假人摆放在考试场周围的四面土墙上，应试者骑在马上，手持长一丈八尺、直径一寸五分、重八斤的长枪入围，运枪左右击刺，能击中三块或四块木板为上，能击中两块板的为次上，仅击中一块板或一块板都不中的为次。"穿劄"是以弓箭射铠甲，以一箭穿透甲片的数量来分高下。"步射"是射草人。"材貌"是身体素质的外形挑选。"语言"是韬略理论的考试。

由唐朝的考试内容可以看出，除了翘关和负重这两项直接测试力量的科目外，长垛要求应试者用一石力的弓，骑射要求应试者于马上持七斗力的弓，穿劄考究弓箭的穿透力度，马枪要求应试者运用重八斤的长枪，这些考试项目对应试者来说，不仅其自身要具备千斤之力，而且还要能将此力量熟练地运用在弓、箭、刀、枪的使用上。所以，在古代，作为一名练武的人，无论他习练的是何门何派的武功，首先都要具备这种力量。

到了宋朝，武举科考遵循"有武事者必有文备"的考试原则，在沿袭唐朝武举制度的基础上，又增加了兵书策议等军事理论的测试，无疑有利于选拔出智勇双全的人才。

辽、金、元时期由于少数民族入主中原，军事上他们尤其重视骑射，武才的选拔上综合了唐、宋的长处，依然侧重"文武兼备"的原则。

明清时期是武术的大发展时期，武术著作大量涌现，武术人才辈出，流派林立，明清两朝的武举考试办法也差不多。以清朝为例，武举依文榜程序，分童试、乡试、会试、殿试四个等级进行，分一、二、三场。第一场考马上箭法；第二场考步射、技勇，称"外场"；第三场考策论武经，称"内场"。在第一场考试中应试者骑马穿过考场三趟，共射出九箭，能中靶三箭以上者可参加第二场考试。在第二场考试中，步射是应试者站在地上，射出九箭，能中三箭者为合格。而"技勇"考试主要是测臂力，一共包括三项。第一项拉硬弓，弓分头号十二力弓、二号十力弓、三号八力弓，另备有十二力以上的初号弓。应试者弓号自选，限拉三次，每次以拉满为合格。第二项舞大刀，头号刀重一百二十斤、二号刀重一百斤、三号刀重八十斤，应试者持刀要完成左右阅刀过顶、前后胸舞花等动作，刀号自选，一次完成为合格。第三项是拿石碾子，石碾子是专为考试而备的石块，长方形，两边各有可以用手指头抠住的地方，但并不深，也分为三号。头号重三百斤，二号重二百五十斤，三号重二百斤，还备有三百斤以上的初号石碾。应试者自选石号，要求将石碾提至胸腹之间，再借助腹力将石碾的底部左右各翻滚一次，叫做"献印"，一次完成为合格。凡应试者，弓、刀、石三项必须有两项为头号或二号成绩，三号成绩超过两项者为不合格，即被取消第三场的考试资格。

　　由武举的考试可见古人对力量型训练的重视。不过，在力量型练习时古人还要求不要练出僵劲来，更不能把肌肉练死，因为在搏击中拥有一身活劲是最关键的。由于力量型练习枯燥无味、费时费力，所以如今的习武者早已不爱练习了，往往只重视武术的招法及拳的套路，这就中了老前辈所说"练武不练功，到老一场空"的话了，老前辈所说的功是内功与外功共练而形成的真正养上身的功夫。如果不注重内功、外功的练习，您在与敌交手时，何谈技击呢？拳的套路练得再漂亮，拳法再精湛，如没有功力的配合，也只是花拳绣腿而已。

　　如今的太极拳，更应该注重内外功的练习，否则，您就会被人家笑称"您练的是太极操了"，因此您要想把太极拳的招法用于实战，这种力量型练习也是不可缺少的一环。当您自身有了千斤之力再与没练过此功的人交手时，您就会有老叟戏顽童一般的感觉，所以力量型的练习是对您的搏击技能有所帮助的，望大家不要怕吃苦，平时应该练习一下为好，比如抱太极球的练习也是很不错的一种练习方式，另外，您不觉得抱太极球的练习与清朝选武状元时的第三项抱石磲子的科目有些类似吗？

第十四章　太极球演练法

太极拳讲究的是"四两拨千斤",可历代老拳师又都讲,如果练拳者自身不具备千斤之力,何谈以巧破千斤?所以太极拳里是有一整套力量型练习方法的,太极球演练法就是其中之一。太极球演练法不仅有助于增长身体的力量,而且还有助于双手与身体时时刻刻体会抱圆守一的感觉,即太极浑然一圆的意境。懂太极拳的人都知道,太极拳所有姿势里都有身似抱球的概念。前辈讲"所有太极拳之动作无不以圆为体,阴阳为用",这就是我在本书中讲此功法的原因,其他的我就不在这里重复了,在这里单讲太极球演练法。其方法如下。

预备式：双腿骑马蹲裆式站好,双臂抱住石球。其要点在于球与胸部要贴实,舌顶上颚,调动真气,切忌胸中憋气。(如图)

动作一：接上式,双臂抱住石球,双臂与身体用力抱裹住石球,如同蟒蛇袭敌时的缠绕勒杀之状,向回锁抱。【注：身体与两臂必须用力抱裹石球,向怀中收紧,方有效果。】(如图)

动作二：接上式，双臂与身体用力抱裹住石球，以腰做轴，石球不要离地，向身体的左侧扭转。（如图）

动作三：接上式，双臂与身体用力抱裹住石球，以腰做轴，石球不要离地，向身体的右侧扭转。（如图）

【注：左右反复扭转多次。】

动作四：接上式，双臂与身体用力抱裹住石球，运用全身之力（非双臂之力）试着一点点让球离开球托中。【注：此式一定要循序渐进，不要急于求成，以防用劲过度伤害到身体。】（如图）

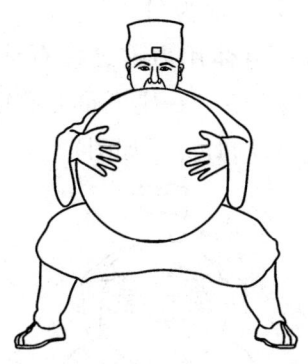

【注：抱石球离地，多次练习。】

动作五：接上式，双臂与身体用力抱裹住石球，石球离地，右臂向下，同时左臂向上，慢慢旋转石球，也就是做圆运动，旋转石球。此式一定要量力而行，旋转角度因自身而定，如觉得把握不住，必须马上将球归位。（如图）

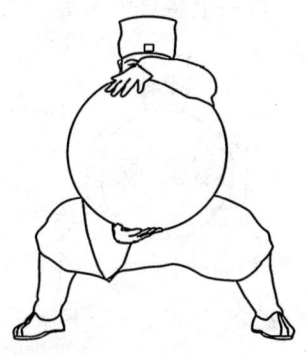

动作六：接上式，双臂与身体用力抱裹住石球，石球离地，右臂向上，同时左臂向下，慢慢反方向旋转石球，此式一定要量力而行，旋转角度因自身而定，如觉得把握不住，必须马上将球归位恢复到原位。（如图）

【注：应多次旋转石球，尽力而为。】

动作七：接上式，双臂与身体用力抱裹住石球，石球离地，左臂向下，同时右臂向上，慢慢旋转石球，此式一定要量力而行，旋转角度因自身而定，如觉得把握不住，必须马上将球归位。（如图）

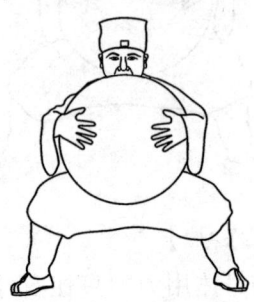

动作八：接上式，双臂与身体用力抱裹住石球，石球离地，左臂向上，同时右臂向下，慢慢反方向旋转石球，此式一定要量力而行，旋转角度因自身而定，如觉得把握不住，必须马上将球恢复到原位。（如图）

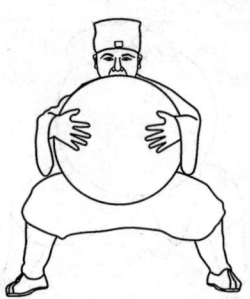

【注：应多次旋转石球，要尽力而为。】

动作九：接上式，石球放于球托中，收式。（如图）

注：上述练习乃力量型练习，力量型练习是需要日积月累、循序渐进的，而不是十天半个月就能练成的，平时练习时一定要量力而行，否则，会对身体有所伤害。

再者，抱石球练习与举重运动是有些区分的，举重运动只是练习如何运用全身之力将重物举起，通过不断的累积将自己的力量逐渐发挥到极限，而练太极球则不然，它不是要求您今年能抱动60斤的球、明年抱动100斤的球、后年抱动300斤的球，不须挑战身体的极限，它只需你通过简单的力量练习，能把30斤或50斤的球抱起、抱动即可，其中练习的是双臂与身体合力向怀中锁抱的力量，并将此力量逐步旋转运用。如您勤练此功法，才能练出《玉带功》故事中盲眼小伙子在一抱之下便将黄财主勒得肋骨尽折、七窍流血的效果来。

第十五章 以武入道

身处社会之中，与人接触是必然的，当然被人欺负的事也是不可避免的，甚至还会遇到不法分子伤害到你的性命。平时因为柔弱无力，而无法捍卫自己的尊严，只能忍气吞声，咽下这口气。为此人们拥有自卫防身的本领就成为许多人的愿望，他们渴望自己的尊严及生命有所保障。当然使用正确的练武方法是可以拥有自卫防身能力的。可这就是习武的唯一目标吗？我希望大家去思考一个问题：习武的真正目的是什么？是为了强身健体，还是为了自卫防身？或是为了寻得一份工作，转变人生的角色，如做武打演员、安保公司职员、进入部队，当警察，当运动员，当武术教练等等。大家都知道这些是武术的附属品，练习到一定程度，有机缘就会有这种就业机会，这个不是练武的真正归宿。

有些人羡慕武侠小说里的英雄，天天做梦想当侠客，梦想自己拥有一身的武功能在江湖上行侠仗义，不过，这种思想有些过时！目前是法治社会，法律没授予你这种权力，警察抓坏人是法律授予的，你抓坏人，当防卫不当时，还会受到法律制裁。我是赞同习武者要敢于与坏人做斗争的，不过，要讲究个度。再者，真正的传统实战武术是不具观赏性的，一般只有一两个回合，便伸手见高下了，没有小说里写得那么精彩诱人。

我认为练武的目的大致有五个：一是为了弘扬传统的武文化；二是磨炼自身的意志；三是锻炼出强健的体魄；四是学到自卫防身的本领；五是在得功后，以自身的感悟来追求更高的精神境界，也就是以武入道。那么如何用太极拳以"武"入"道"？"武道"又是什么呢？

我先从"武"字说起，武字上边有个"戈"字，下面是个"止"字，上边的"戈"指的是一种兵器；而关于下面的"止"，不少人解释为"停止"的"止"，认为武字应该理解为解除战斗，刀枪入库，马放南山，停止搏杀。

其实这是错误的，查阅一下古汉语字典，便能查出武字下半部的"止"代表的是脚趾的意思，"止"是足底生根的意思，表示人的厚重、挺拔和稳健。武字中的'戈'是两只强健的胳膊紧握着一柄威震四方锋锐无比的矛戟。那一个点放在最上方是展示由上向下、由近至远、虽远能诛的箭矢。也是要把它当作一双锐利的眼睛，恰如一束凝目神光，闪耀自己的光芒，震慑敌人的邪恶。因此"武"字应该理解为手拿"戈"这种兵器，徒步去打仗去搏斗。所以不是停止舞戈，而是要弘扬兵民合一，人人能武的尚武精神。让我们民族能独立于世界民族之林，达到无人敢犯的辉煌！

因此武是与军事分不开的。圣人言："刀兵，乃不祥之器也！君子不得已而用之。"所以"武"必须要有"道"和"德"来约束，中华文明倡导的是威而不怒、强而不横、悍而不蛮、勇而不狂，要有儒雅俊秀的君子之象。所以练武首先要德、功并重。拳谚说："无德无拳，无拳无勇。"不做无德、无谋的武夫才是一个习武者应该注意的！贫道希望大家多研究道学，从中吸收营养丰富自己、升华自己。

老子曾讲："以道佐人主者，不以兵强天下，其事好还。师之所处，荆棘生焉；大军之后，必有凶年。善者果而已，不敢以取强。果而勿矜，果而勿伐，果而勿骄，果而不得已，果而勿强。物壮则老，是谓不道，不道早已。"寥寥数语，说出了一个治国强民的大道理——不以兵戈争天下，万物皆由出生而生长，由成长而壮大，由壮大而衰老，由衰老而死亡，想维持永远的强大而仗势欺人的行为，是不合乎大道的。无数历史事实印证了上述观点，譬如，秦皇嬴政平定六国、统一天下后，怕百姓不服，采取了极端的"禁武"政策，收缴天下兵器，铸成十二金人。可是他不懂得什么是治国养民之"道"，什么是惠民平天下之"德"，以至于失身、失民、失国。任何时候，使用武力解决问题都不是上策，也不符合道，是长久不了的。处理事情应以德为先，只有在迫不得已的情况下才能使用武力。古时的习武者都不是以武力来征服人的，老一辈的武术家深谙"以德服人"的道理，自古那些号称天下第一的、喜欢以武力来征服人的习武者，哪个得到好结果了？

过去武林界是不会为自己的私利而随便动武的。我曾写了一首诗："明镜勤拂武常修，光芒内敛锋自留。宁为入匣东殿外，不与物散身无求。正己效法圣贤理，虚怀厚德仁义就。脱俗拔尘离六道，琴心剑胆世间留。五千青史谁人著，万里功名一念休。清潭静舍慕野鹤，笑看闲人舞春秋。"这是我悟出的道理，其实每个武术家也都是这样做的。他们都懂得"善战者不怒，善胜敌者不争"的道理。

　　道学里关于武学的修炼，有一个"为学"与"为道"的关系。人"为学"的目的是获得经验知识以及观念知识，在学的过程中，知识一天比一天多，每天皆有所增益。学是一种追逐，是无止境的，庄子讲："吾生也有涯，而知也无涯，以有涯随无涯殆已。"人的精力是有限的，习武者把武术及与它相关联的知识研究明白就很不错了，千万别见什么学什么，到头来什么都不专还拖累了身体。而"为道"的目的是在反身自证自明，以求洒然自适，倡导自然，故"为道"的方向是与"为学"相反的。"为学"是向外取，向前追，用的是识神，最终是伤神劳思；而"为道"则是向内归，向后反，是养神的，用的是元神，先天的灵性。"为学"用头脑，而"为道"用心。武术搏击时的关键是要以先天的灵性来指引自己的，而不是后天所学的什么招法。明白此理，才能真正理解老武术家所讲的"拳无拳，艺无艺，无艺之中是真艺"的道理。这个道理讲的是不要让我们太依赖后天的拳术招法，因为这是人为创编的，属于为学的范畴。我们要练出先天的灵性来，在与敌交手的一刹那间让自身灵性充分地展现，这样才能有效地制约敌人。习太极拳者平时还要静修内养以保证身体的康健，不要太伤神劳思了，这就是为道的好处。所以结合道家的思想才能更深刻地了解武术深层次的东西！

　　道家思想认为无论是自然界还是人类社会，无时无刻不在运动变化之中，并在这运动变化之中概括出了一系列相互矛盾的范畴，如有与无、福与祸、美与丑、善与恶等。道家认为，每一个矛盾范畴的两个对立面都是相互依存、相互转化的，他讲"天下皆知美之为美，斯恶已"，就是说，当天下人都知道美之所以为美的时候，也就知道丑的含义了；而他所讲的"祸兮，福之所倚；福兮，祸之所伏"则说明对立面双方并非一成不变的，而是无不向其相反方向发展的。这种朴素的辩证思想难能可贵。那么说到武术上，在武术的对搏中，一方用招法制住了对方，与此同时，自己也会有被对方所控制的危险，这种制与被制、被制而能反制的转变就在一刹那间完成。其实这个转变全凭感应和控制好自己的心态，不能在自己占上风时得意忘形，也不应该在处下风时灰心丧气，要很好地把握住自己，要在得势时不欢喜，而是加强防备，不给对方使用反制招法的机会，在失势时更不要悲观，要蓄劲以待，趁空反击。武学里的这种搏击心态正与道家所讲的"福祸双倚"有异曲同工之妙！

道学中所讲的道是形而上的，是不能由目视、耳听、手触就能接触到的。道虽然无形，但它却是真实存在的，虽然他不可以由感官而得，但可以由体悟而知。道是指万事万物的规律，是一切的本源和主宰者，它无形无相并在不断地变化着。

道虽然无形但它有四种特性，即：重生、重和、重德、重术，此处"重"读作第四声，当"重要"、"注重"的意思讲。重生说的是生与道是合一的。有道则生，无道则死。道家认为有"道"，人的生命就存在，当"道"离开了人体，人的生命也就终结了，所以古人希望道炁常存。重和说的是内求阴阳调和，体内才能自安。平时要处事谦逊、和光同尘。重德说的是"德"是道性的体现，讲顺其自然，不占有、不图报、不干涉，以毫不利己、专门利人为宗旨。重术中的"术"当做"各种方式方法"来讲。修道之人可以有各种"术"，但不能以"术"来敛财，要把"术"用在济世度人上。当然"术"要运用得当，运用不当就会折寿。比如我们都看过的《三国演义》，诸葛先生三把火烧了百万雄兵，结果也折了自己三十年大寿，所以使用"术"要符合道义才行。道又是指导的意思，它能指导人们走向光明，所以道是拯救你灵魂的良师。

曾经有一位拍武术纪录片的导演来问我："道长，武术练的是什么？它和特战队员练的一样吗？"这位导演没有拿武术和街头的武术体操相比，证明他有点见识，因为他知道武术是能格斗搏击的。但他的问题又说明了人们只知有"武"而不知"相合于道"的另一个误区。其实"武术"一词是今人的叫法，在民国时期则称武术为国术。过去国术所包含的内容不光是打斗的技术，它还涵盖了内养疗病之法、心性内修之术，并把育德、尊师、重道放在首位。所以国术是育人的工具，含有丰富的文化内涵和哲理，是中华民族的瑰宝。如果单独把国术的某一项拿出来发展，我认为是错误的。比如只注重技击方法，虽然能训练出一批打架高手，却四肢发达，头脑简单，言语粗鲁，这不就是古人所鄙视的武夫吗？又比如只强调国术中的心性内修之法，天天行善积德，并在房间里打坐修炼，这种修炼法则又与武的本质远了，倒不如说自己是出家修行人。所以习武既要懂武的搏击之术，又要懂修心、修德及其内养之道，这样才能成为一个武文化的整体，要借武修道，又要借道悟武。

习练太极拳者要想以武入道就必须先要做到无欲、自然、无为、柔弱、清静、朴素、不争，因为这是"道"的特性。"德"又是道性的体现，所以习拳者修德就得做到顺其自然、无私欲、不图报答、不干涉。并且要放下，要豁达，要随缘，要平等，要慈悲，要真诚，要毫不利己，专门利人，练武者若能做到如此，自然可以去除内心的烦杂，成为一个有德行的好人。若一个习武者离开了心性的修为，则与武夫近，离武道远了。祖父曾讲："人为善时，福虽未至，祸已远离。当人为恶时，祸虽未至，可福已远离！所以练功不修德，必定要着魔。修德神自明，神明法自得。"道是行的，德是做的。学太极拳的真正目的应是在学习拳术的招式中磨炼自己的心性；在练拳术技法的同时用心去体会拳中的哲理；在习拳与体会拳理的过程中武的技能也就练出来了。这时就得以德及内修来升华自己的内心，如再遇与人发生争端的时刻，就能做到宠辱不惊，不轻易使用武力了，这样就有了涵养，就能以武入道了。

什么是"武道"，"武道"就是将真正的"武功"修炼上身入命，进而相合于"道"。我认为修炼"武道"是一个长期而艰辛的过程，要有以武入道的大志向，还要做好吃苦的心理准备并能持之以恒，因此要想武道修成，这三者是缺一不可的。

一个真正习武修道的人，我个人认为身上应具有如下四种气质：一是有底气，遇事不退缩，解难有分寸，凭能力自立，靠智慧取胜；二是有豪气，能让男子退去阴柔之气，肝胆沥云霄，不落俗流，不拘烦琐；三是有霸气，在困苦中能坚毅，有山崩不变色、舍我又其谁的性格；四是有生气，能诙谐驱烦闷，幽语解千愁，赠别人笑声，给自己愉悦。这样的人比只知道打打杀杀的武夫，比文弱抑郁的书生，更像大丈夫。所以习武最终是要修"武道"的，而武道的修炼是离不开修心的。

这里的"心"并不是指心脏，而是指人体的思维和意识。心为万法之宗，一身之主，也是善恶的根源。修心就是要固守人心的纯朴本性，使心不放纵外驰，要修去内心的巧诈虚伪，使心地真诚，心神泰定。这样才能有"一心定而王天下，一心定则万物服"的本事呢！

古人讲："心神定则鬼不能作祟，心神定魂魄才能相安，才能全性命之真以养性。"而习武者的心神定还有另外的喻义，其不同点是在特殊心理素质训练上，这应该可以理解为抵御外界干扰的心理承受能力。习武者在遇到挫折、失利、失败，甚至遇到危险或突发事件时，能够迅速调整自己的心态，审时度势，遇险不惊，反应灵活，并且施用准确得当。人们常讲胆大心细，遇事不慌,是指在遇上惊心动魄的事件时,表现出胸有成竹的心理素质和审时度势的应变能力。当面对手持凶器的歹徒时要有沉着的心态、冷静的头脑,这是以静制动战胜对方的前提条件。没有冷静、心定的前提,就不会有一个估量权衡克敌手段的瞬间准备,否则面对歹徒时就会方寸大乱,如果再表现得鲁莽急躁或胆小退缩就更不成了。只有用冷静的头脑,正确地分析敌我双方的优劣条件,评估环境,再加上巧妙的制敌方法,才能巧度险关。

所谓的审时度势,就是指迅速观察事件的发展变化,它包括对敌方身体状况的观察、心理动机的捕捉,还包括对地形及事物的利用,以及对方出手进攻时的意图和力量等的把握,寻找对方的破绽,在施用招法时要迅猛、果敢,这样才能将敌制服。传统武术特别注重这方面心理素质的培养,要求习武者无论在何时何地,经历荣、辱、顺、逆,都要保持一种平和的心态,因为有了这种心态才能无坚不摧。若未经这种特殊心理素质训练,在遇到事情的时候便会思想紧张,肌肉僵硬,动作也没平时那么灵活了,这谈何制敌呢?

有一些人练功的动机是不符合道的,他们抱有某种不良动机,图谋不纯,所以不会有什么好结果。这种人即便练出点功夫,也会由于其心术不正而到处惹是生非,甚至危害社会,日后必遭恶报。所以,在学习武术、以武入道的过程中,武德便是重要的培养方向。一个明白此理的太极拳老师在教授过程中往往重视练功者的品德,对练功者制定许多规章,要求习武者要有德行,要以德服人,生怕培养出一个恶徒来。

祖父曾跟我讲:"借道悟武,是增长武德、提高武艺、修炼道法的捷径。否则,便可能出现练武如养虎,练不好这只老虎就会伤到自己的问题。"这句话其实有三层意思,第一层是讲如果没有明师指点,不懂练武的要领,盲目练习,会导致身心受到伤害;第二层是说,如果光注重练武,不注重自身的修为,盲目地狂傲自大,以武称强,在遇强敌时会给自己造成伤害;第三层是如果习武不修德,甚至做坏事,还会遭到天谴。

过去武术前辈们,常和徒弟们说这样一句话:"练拳宜在静处用功,不要在人前卖弄精神,夸张技艺。务以德行为先,要恭敬谦逊不与人争,以练涵养拳为本,要一势精灵,得练千遍;若不熟练,还得千遍。"对欲拜师者常说:"若想打天下第一,请另寻高明;若要修心健体防身,吾之所授,绰绰有余。"前辈们所教诲的这种"勤学涵养","虚心修德",正是现在有些人缺失的内容。习武者要想达到"武"与"道"的真正结合,必须先要以德行来约束自己攻击人的欲望，要逐步使自己谦逊起来。

我认为德高者有善良的品性。他们正直，遇事出于公心，凡事为他人着想，宁静处事，淡泊名利，不为世俗势力所动，更不会为此而蝇营狗苟，敌意、仇恨、不友好、争论等与他们无缘。德高者心胸是坦荡的，他们有良好的心境。因为道德修养好的人，对人对事都能胸襟开阔、无私坦荡、光明磊落、无患无求，身心处于淡泊宁静的良好状态。德高者都有良好的人际关系，与人为善、乐于助人是建立良好人际关系的根本所在，这核心是正确认识自我，对现实生活具有较强的适应能力。我祖父曾对我讲："清醒、坦诚是做人之必须；聪明、智慧是做事之必须。能看到别人的错误，是清；能看到自己的错误，是醒；能够承认自己的错误，是坦；能够改正自己的错误，是诚；能够发现自己的优点，是聪；能够发现别人的优点，是明；能够学习别人的优点，是智；能够利用别人的优点，是慧。"所以人必须互相学习对方的优点，团结一致才能有更大的成就！德高者能尊重整个社会的需要，他们遵守社会的道德规范，与人为善，尊重他人，充满信心与责任感，互谅互助，宽厚待人，能够妥善解决人际交往中的各种矛盾与冲突。他们乐于助人，能唤起被助人和社会的感激和赞赏，反过来也让德高者产生温暖的感觉。

综上所述练武与修德是来不得半点虚假。练武者要有恒心、有毅力，必须扎扎实实、不怕苦累、持之以恒地坚持下去，将功夫真正养在身上，同时还要养心、养德，修成武道。我认为武道的境界才是习武者一生所追求的，也是习武的最终目的。所以从武术的刚柔相济、内外兼练、尊师重道，到道教的修心、修德及其内养之道，这些都构成了中华武道文化的基本元素，也证明了中华武道文化的发展与道家思想理念的演变是互相促进、紧密联系在一起的。希望当今习练太极拳者，要从道学着手研习拳理，最后一定能体悟到武学真谛的。

第十六章 修德与养生及搏击的关联

养生是一个有关身、心修养的问题。"身"可以通过食疗、练武等方法求得强壮。对于"心"而言，又该如何修炼？古人已经感悟到修心需先修德，而且认为修德与养生相关联，并提出以德育来强固生命之本的说法，翻开历史的画卷，历代思想家、政治家，无不崇德、谈德，主张德心、德教、德章、德治，这充分说明古人对德的重视，他们"修德以养性"并有修身如执玉，积德胜遗金的名言作为自己的座右铭。

道教讲："心正则身修矣。"因为正心才能复性，复性才能近道，只有悟道、近道才有机会成真。修真、成真是道教人士的最高目标，老子曾讲："正汝形，一汝视，天和将至；摄汝知，正汝度，神将来舍。德将为汝容，道将为汝居。"当自己的德行达到了至真至善的境地，神明自会居于身而护其体的。

古时，人们讲五福。一福为长寿，二福为康宁，三福为富贵，四福为善终，五福为德全。古人把德全看得比较重，认为只有在处事时自身有德，才能在平时减少口舌是非，人的一生才能康宁、富贵、长寿。

中国的养生之道在历经几千年的传承与发展后，使人们清楚地认识到，人的寿命长短是与品德高低密不可分的。孔子早在两千多年前就提出"仁者寿"的观点，认为"大德必得其寿"。《周礼·地官·师氏》中也讲："敏德以为行本。"《素问·上古天真论》中也有"德全而不危"的话。

在道教的内丹功法中也倡导"未炼还丹先炼心"。把炼己作为丹道的最初功夫。祖师曾讲"炼己"为何？就是炼水源清浊分辨之功，即去浊存清之功。在内丹称为最初还虚，即寻找先天虚无状态。凡有杂念、存想、知见、睹闻、谷气等都属于后天之浊源，凡属无念、无虑、无识、无知、虚极、静笃皆属于先天之清源。要想达到上述状态就要从以下这两个方面入手。一、行为与道德方面的修养；二、心意锻炼。

道德方面的修养，是"功"与"德"方面的内容。古人讲"德为功之本"，因为无德何以言功呢？修炼之人，在初期，虽然做不到"舍己利人"的大公无私，但起码要做到心境坦荡、利己助人。尽可能地去帮助他人，多替他人着想。不可做出违背道德与良心的事。因为人性本善，人一旦做了欺师灭祖、栽赃陷害、欺凌老弱、自私贪欲等亏心事，人心就会受到良知的谴责而感到不安。有这种不安的情绪，人就无法静下心来，更不要说练功了。而一个乐于助人的人，又会从被帮助的人身上找到快乐，因此他的心情就会愉快。当善事做多了，心中以我为本位的意识形态就自然地看轻了，私欲也就小了，欲望也就淡了。心容易宁静，不会被外在的物欲所惊扰。当然这样的习武者练功，也就更容易进入状态。因此修炼要从注重品德练起，这样习修武道才有可能成功。

葛洪仙师曾说："欲求仙者，要当以忠孝、和顺、仁信为本。若德行不修，而但务方术，皆不得长生也。"他还说，"览诸道戒，无不云欲求长生者，必欲积善立功，慈心于物，恕己及人，仁逮昆虫，……赒人之急，救人之穷，手不伤生，口不劝祸，见人之得如己之得，见人之失如己之失，不自贵，不自誉，不嫉妒胜己，不佞谄阴贼，如此乃为有德，受福于天，所作必成，求仙可冀也。"

孙思邈认为"养生有五难：名利不去为一难；喜怒不除为二难；声色不去为三难；滋味不绝为四难；神虑精散为五难。五者必存，虽心希难老，口诵至言，咀嚼英华，呼吸太阳，不能不回其操，不夭其年也。五者无于胸中，则信顺日跻，道德日全，不祈善而有福，不求寿而自延。此养生之大旨也"。孙思邈认为，行善是长寿的重要条件，主张养生以养性（即培养高尚的道德情操）为主。在《备急千金要方》中，孙思邈说："夫养性者，欲所习以成性，性自为善，不习无不利也。性既自善，内外百病自然不生，祸乱灾害亦无由作，此养性之大经也。"他一再强调"德行不充，纵服玉液金丹，未能延寿"的道理。

著名医家张仲景也讲："纵情恣欲会导致疾病，只有知止知足，恬憺虚无，怡养精神，去除名利之心，才能身心健康。""淡泊名利"虽然会使生活清贫寒苦，但却丰富了精神世界，使自己的天地更广阔，也有了更多的闲暇。您平时或闲庭信步，或习武练功，或晒台观景，或花前赏月，或树下听蝉，或鼓瑟弄琴。您有这样的心情和爱好能不添年添寿吗？如果能使每一天的生活足慰情怀，这当然对自身的健康有利了。

因此修身先修心，修心先修德，这是古人早有的箴言。换句话说，修德是养生的基础，是养生的先决条件，也是养生的根本。我们的一生会经历生壮老死的过程，在这个过程中我们的追求是会发生变化的，比如我们在青年时期会因为生活的问题而更加追求利，以此来满足我们的物质需求；而到了壮年时期，会对名更感兴趣，以满足自己的虚荣心；但到了老年时期，追求的则是精神的愉悦与超脱，因此我们的思想应尽早成熟起来并觉悟，不要让名利禁锢我们的思想。古人讲："淡泊名利，（才能）宁静致远。"如果为名利牵肠挂肚，那样的生活能说是幸福的吗？其实人生有很多东西是可遇而不可求的，更不要特意和不择手段地去追逐。无论你有何种成功与失败，如果能做到自己得志时莫猖狂，失意时勿失志，那么就永远不会失却自己，在悠然的心境中度过充实的一生。

《内经》曾提到："上古之人，其知道者，法于阴阳，和于术数，饮食有节，起居有常，不妄作劳，故能形与神俱，而尽终其天年，度百岁乃去。"也就是说，生活有规律，人就会延年益寿；反之，不注意道德修养的人，"以酒为浆，以妄为常，醉以入房，以欲竭其精，以耗散其真，不知持满，不时御神，务快其心，逆于生乐，起居无节，故半百而衰也"。

孙思邈也曾说过："夫人之死，非因依也，非疴瘵也，盖以积不仁之多，造不善之广，神而追之则矣。人若能补其过，悔其咎，布仁惠之恩，垂悯恤之念，德达幽冥，可以存矣，尚不能逃其往负之灾。不然者，其祸日多，其寿日促。"又说："人若奉阴德而不欺者，圣人知之，贤人护之，天乃授之，人以悦之，鬼神敬之。居其富而不失其富，居其贵而不失其贵，祸不及也，寿不折矣，攻劫之患去矣，水火之灾除矣，必可保生全天寿矣。"用现在的话来讲，就是权钱交易、权色交易、吃喝嫖赌等恶劣行为是对健康有百害而无一利的，这也反证了行善积德对健康的重要性。因为经常做坏事的人，既要算计别人，又要防备别人的暗算或报复，终日不得安宁，紧张、恐惧、不安、愤怒、沮丧，致使身体各个系统功能失调，免疫力下降，导致疾病丛生，这才是"多行不义必伤身"呢！

即便在国外，也有医家对道德品质与人的疾病关系进行了研究。巴西有一位医生名叫阿尼赛托，他进行了长达10年的调查研究，发现那些玩世不恭而卷入腐败行为的人，容易得癌症、心肌梗死、过敏症、脑溢血和其他心脏疾病。他对583名被指控犯有各种贪污受贿罪的官员和583名廉洁官员作了比较，不廉洁的官员中有60%的人生病和死亡，其中，在126名死亡者中，癌症占60%，心脏病23%，其他病17%。而廉洁官员中生病或死亡者仅占16%。上述例证证明修德养生的关键是严于律己，要从品行修养入手。

孔子曾提出来的三戒养生之道就是要求你从小到老应注意什么。他认为人生分三个阶段，即少年、中年及老年，这三个阶段会因身体的变化而影响到人自身心态的变化，孔子说："少之血气未定，戒之在色。"就是说人在青少年时期因为气血未定，所以要戒色，克制生理欲望。中年"及其壮也，戒之在斗"，指人到了身强力壮成熟年龄时，不要过分地争强好胜，不要与人争斗。老年"及其老也，血气既衰，戒之在得"，指老年人气血已衰，更要从欲望上约束自己，不该追求的就不要再去想了。故此老人养老要注意："耳无妄听，口无妄言，身无妄动，心无妄念，此皆有益于老人也。"这是古人养老的经验。

修德行的目的是好的，但在修德使精神内敛的同时还得学会情绪的合理宣泄，因为在修德行的初期，还没有学会如何对不好的事物进行转化，很容易产生情绪上的压抑，会造成情绪的淤滞，这也容易增加癌症或者肿瘤的发病率，久之便会对身体造成伤害。在这个时期，我建议多参加体育锻炼，比如踢踢足球，爬爬山，练练拳，把心中淤滞的情绪舒发出来，不要憋在心里，等到修成内圣的时候，就能对不好事物的转化运用自如了，更不会产生心理上的压抑了。此外，武林前辈常讲"冬练三九，夏练三伏"，这就是指通过天气的变化既锻炼了筋骨，又磨炼了心性及意志。养成不畏严寒酷暑，不达目的决不罢休的坚韧品格，这又对情绪的淤滞及解除心理上的压抑起到疏导作用。所以习练武道能培养人、能塑造人这是有根据的。

先圣曾讲："天以阴阳五行化生万物，气以成形，而人即受此气以生以长，但自阳极生阴，先天入于后天，五行不能和合，自相贼害，各一其性，木以金为贼，金以火为贼，火以水为贼，水以土为贼，土以木为贼，是谓天之五贼也……人秉五行之气而生身，身中即具五行之炁。然心者身之主，身者心之室，五贼在身，实在心也。但心有人心、道心之分；人心用事，则五贼发而为喜、怒、哀、乐、欲之五物；道心用事，则五贼变而为仁、义、礼、智、信之五德。若能观天而明五行之消息，以道心为运用，亦步亦趋，尽出于天而不由人，宇宙虽大，如在手掌之中；万化虽多，不出一身之内，攒五行而合四象，以了性命，可不难矣。"老子曾说："人生大限百年，节护者可至千岁。如膏用小炷之与大炷，众人大言而我小语，众人多繁而我小记，众人悖暴而我不怒。不以小事累意，不临时俗之仪。淡然无为，神气自满。以此为不死之药，天下莫我知也。"因此练武修道也就是将散在肉体之中的能量合整如一。内炼仁、义、礼、智、信，时刻反听于内，回视于内，把所有外来的识染抛开，将迷乱之心性溯本归源，修得内圣境界。练就这些还不算完，因一时的内圣，不代表你能长久地内圣下去。一时的内圣，只不过为入世建功立业，或是为出世修道打下了一个坚实的基础而已。在这个基础上，反复锤炼，不断升华，才能圆满成真。

然而从另一个角度来讲，"道心用事"是修炼的要求，可我们毕竟还都是人，在人情世故的污染下，会有着各种各样的弱点和缺憾，不可避免地会以"人心用事"，产生喜、怒、哀、乐、欲等情绪。因此，在修炼道心的同时，要注意减少"人心"的干扰，把控自己的心态。而内家拳的发劲是与心态有着紧密关联的，比如梅拳拳理讲："霹雳交，心火动"，"遇敌好似火烧身"，再比如惊起四稍之劲中就谈到"怒气填膺，竖发冲冠，血轮速转，敌胆自寒，毛发虽微，摧敌何难"等。这些发劲与情志之间关联的论述其实都是在讲动用五志情感的力量，而五志情感的力量是十分巨大的，并且由此而作用的功力是难以想象的，如没有德行的驾驭，很容易会出现偏差的，比如由于情绪的失控导致伤人的现象等。

武林前辈们讲："怒动肝来，声动心，鼻纵气促发肺金，唇吻开撮振脾气，眉绉睛突肾家寻。五行之气内合五脏，肝合木，心合火，脾合土，肺合金，肾合水；外通五窍，目为肝窍，耳为肾窍，口为脾窍，鼻为肺窍，舌为心窍；凡一动之间，势不外屈伸，气不外收放，面上五行形象亦必随之相合，方得气实形坚之妙。收束势者、气自肢节收入中宫，面上眉必绉，眼包收，鼻必纵，唇必撮，气必吸，声必噎，此内气收而外象聚的。展拓势者，气自中宫发于肢节，面上眉必舒，眼睛突，鼻必展，唇必开，气必呼，声必呵，此时内气放而外象开的形象，练习之时，内气合外形，外形顺内气，神者气之子，气者神之母，形者神室，心为使气的神，心一动全体俱动，内外结成一起，出手必然勇猛，坚刚，动如风吹不停，行如流星赶月。"

内家拳的功法是修炼意识能量的，它更是一种把精神意识在身体上用物质体现的拳法，在拳法姿势的动静互换中用意引身行，身随意转，是以神来驱动肉身的变换，来达到虚灵独存，真气在周身内外激荡回旋的。故此练出"神色皆可伤人"的功力来是需要先神藏内敛，待神光充足便可显现此功力，而神藏内敛是需要心性磨炼的，若失德便与武夫之名不远了。前辈们讲的"神色皆可伤人"的境界是很多习武者所梦想的，而要想达到此境界，只有在平时修炼时神藏内敛，精神内守，保持清静守中的心态，厚积薄发，才能在用时通过心中一念，将内收之神气瞬间释放，显示于人，达到震慑对方的目的。对此，祖父曾给我讲过一段庄子的寓言故事：

周朝有一个周宣王，喜好斗鸡。一日，地方上给周宣王进贡了一只名贵的斗鸡，周宣王见鸡大喜，并命当时著名的驯养斗鸡的名手纪渻子好生驯养。过了十几天，周宣王到鸡舍来问纪渻子："那只鸡驯养好了吗？"纪渻子回答道："还没驯养好呢，因为现在这只鸡虚浮骄矜，正处于自恃得意的状态，故此现在还不能拿出去斗。"又过了十几天，周宣王到鸡舍来问纪渻子："那只鸡驯养好了吗？"纪渻子答道："现在不行，这只鸡正处于听见响声就叫，看见影子就跳来跳去的状态，心性还没有安定下来，故此不能拿出去斗。"又过了十几天，周宣王到鸡舍来问纪渻子："那只鸡驯养好了吗？"纪渻子回答道："现在还是不行，它正处于左右顾看迅疾、意气强盛之时，故此不能拿出去斗。"又过了十几天，周宣王到鸡舍来问纪渻子："那只鸡驯养好了吗？"纪渻子回答道："差不多了，此时这只鸡见到别的鸡打鸣也看不出它有什么变化了，从远处看上去就像一只木鸡，此时它的德行可以说是完全具备了，精神已到了神藏内敛之境地，此时如要拿出去斗，一旦调动其精神外发，便可以做到神色皆可拒敌的地步，别的鸡一见到它绝没有敢于应战的，只会掉头就跑。"

古代人热衷于"斗鸡"活动，庄子讲的这只天下无敌的神鸡训练，历经四个过程："方虚骄而恃气"——"犹应向景"——"犹疾视而盛气"，直到最后的"鸡虽有鸣者，已无变矣，望之似木鸡矣"，讲述的正是从被外界刺激反应，心为外物所累，到完全不被外界煽动的境界。

祖父是通过纪渻子训鸡来比喻静心内修的重要性，而要想做到神藏内敛，看起来简单，但长久保持就难了。只有在平时做到为人谦逊，放下自我，精神才能达到内收，真气才能积养于丹田。但要做到这些，最好有明师在旁，谆谆教导，用武来炼心，以道来收心，才能谈及真气的内收与外放，才能得其"武"、"道"之精华，做到神色皆可拒人，进而领悟到不战而屈人之兵的大成境界。所以，武术的习练不只在身，还在心，更在明师的指点上。只有身练和心练同时进行才有成果。若心练不够，心结不开，则身练到了一定的程度就很难再有所突破，充其量为勇士、武夫而已，是无法达到大成境界的；若身练不够，不能"载营魄抱一"，不能内外合整，不能用身体领悟到自然的力量，也很难"专气致柔"。

今天的时代，竞争空前激烈，整个社会就是"斗鸡"模式，其中包含利益相斗、观念相斗、情感相斗，无处不争，无处不斗，职场工作是"斗鸡"态，回到家中也常常是"斗鸡"态，亲人之间，更易言语相斗，口角龃龉成了家常便饭，微博、微信上，一句话，几个字，都会卷起一场观念大战、言语争斗。这时不管别人怎么向你"鸣"、怎么"谩骂"你、"责怪"你、"激怒"你，你的内心要完全不起变化，看着就像一只木鸡一样。这就是庄子所说的"鸡虽有鸣者，已无变矣"的境界。

在红尘争斗中，做一只不受外在刺激反应的"木鸡"，是最实在的修行，当有人指着鼻子骂你，那一刻你没有刺激反应，心完全不受伤。当家人引爆你的情感伤疤，戳到痛处，你也是呆呆的，不争辩，不恼怒。当对手故意激怒你，等着看你发飙，可你的呆萌，反把他吓跑了。现在不少人热衷的修行是每天花时间静坐。静坐那两三小时，人呆呆的，是有木鸡态了。可是转身杀入红尘，与人互动，马上就被破功夫了。其实这样的呆坐，往往收效甚微。古人讲："战场出将军，实践出功夫。"心的功夫，只有在事上磨、在人上练。我认为人生就是战场，有人的地方就会相左，就会相斗。把人际互动的"斗鸡场"，变成心的修炼场，让自己的心呆一点，尽量学做一只"木鸡"，才能练出无敌之境来。

我还认为最好的养生，是做一只"木鸡"。现代人普遍自律神经失调，每天都处在交感神经紧张的状态。交感神经的功能是让人瞬间进入"斗鸡态"，瞳孔放大、心跳加快、呼吸急促、血压升高、消化能力减弱，整个人进入战斗状态，副交感神经的功能是掌管着"发呆"、"木鸡态"，能使瞳孔变小、呼吸变慢、心跳缓慢、消化力增强、吸收营养、睡觉香甜、滋补身体。很多企业家英年早逝，大多原因是天天处在"斗鸡"的战场上，应对来自四面八方的各种"鸣"，这种"鸣"声如钩啊！勾得心情七零八落，情感撕得皮开肉绽，伤痕累累，一不留神就万箭穿心，每时每刻交感神经极度亢奋，副交感神经完全得不到滋养，使得免疫力极度低下，长久下去人就完了。所以这只木鸡才是你生命的守护神。它能帮助你提振副交感神经，越是斗争激烈处，心态越是呆萌，这样在唾沫里才不被淹死，能量才不被榨干。因此最好的养生方法，就是提振副交感神经，学做一只呆呆的"木鸡"。

修炼"木鸡"的基本功是不计毁誉。千夫所指，万人唾骂，千万人反对，还能笑看风云，自在平和地保持"木鸡态"，全心全意地贯注于自己内心的志向！生命能量何其强大，心力境界天下无敌！从小喜欢听好话、听表扬，沉溺于他人评价的人，越容易"犹应向景"，深受外在刺激反应。别人一声"鸡鸣"，就可以操纵他，一句话可以让他得意，一句话也可以让他跳楼。你看精英教育的准则是从不听"好话"，不管外界评判，我行我素，明辨是非，独有见识。梁启超写的《李鸿章传》说："天下惟庸人无咎无誉。……天下人云者，常人居其千百，而非常人不得其一，以常人而论非常人，乌见其可？故誉满天下，未必不为乡愿；谤满天下，未必不为伟人。语曰：'盖棺论定。'吾见有盖棺后数十年、数百年而论犹未定者矣。各是其所是，非其所非，论人者将乌从而鉴之？"那些大人物掀起的"毁誉大浪"，在其死后几十年甚至上百年也不会消停。这就是他的暗能量。这股暗能量在他死后还控制着参与"毁誉大战"的人们。当毁派与誉派的斗争越久，说明他的暗能量越强，毁誉阴阳，相生相长，"誉派称之灵魂不灭"，毁派"称之为阴魂不散"。而那伟人的魂魄，飘飘荡荡，目睹这场永不停息的毁誉大战，正在偷着笑呢！

兵家、儒家和道家的理论相结合，就有了"修身、齐家、治国、平天下"的名言。《吕氏春秋·先己》中也说："昔者先圣王，成其身而天下成，治其身而天下治。"看来古人在这方面的看法是一致的。因此，练武功不仅应表现在平时肢体的演练上，更应以内在的德行来促进武道的提升，这才是练内家拳的根本。

总之，道，遍布于整个宇宙之中；渗透于万事万物之内；它与生俱来地就潜藏于我们的心灵之中。道，没有时间和空间的障碍，当我们心中的道体与宇宙的道相印，必然出现与整个宇宙的道德能量场相应。就会集合成为一股无穷无尽的、强大无比的能量而实现无为无不为。道，远远超越了所有的有相、有欲、有智，这个能量没有极限。道，时时都在关注着每一个众生，当然德性缺失的多少，就会决定你与道融合的难和易，这是真正的天人合一。道既可以布遍我们的体内，也可以充满我们的家庭，使家庭和睦安宁。既可以弥散在我们整个民族之中，使整个国家富强安定；还可以播散到整个地球，给世界带来和平和生态平衡。道德的光明，远远地超越了我们的视觉听觉的范围，它没有任何的界限和极限，自然地朗照乾坤。道，不增不减，无为平易，慈悲爱生，是人类的良师。只有道才是可以信任的导师，能拯救我们，使我们这个尘封的道心真性重现光明。因为道无形无相，所以德便是道的体现，所以习修武道先要养德。有了良好的品德，做人才能成功，才能与他人和谐共处，这样生活才有质量，生命才有意义，才能健康快乐一生，这不仅符合现代医学理论，也符合人类发展的规律。

医家已经证实了，心胸宽广、助人为乐、与人为善的高尚行为有助于增强人体的免疫功能，产生抵抗感染的细胞，从而免受多种疾病的侵袭，所以有德者寿。不过，修德是一个渐进和长期的过程，不可能一蹴而就，需要从小事入手，大处着眼，而且要从孩时做起，养成一个良好的习惯并坚持终生。这样才能有益于自己，有益于家庭，广之才能有益于社会。这是贫道的浅见，望读者指正。

第十七章　太极到底能不能打？

有人会讲，"你一个老道，不行无为不争之道，不去行善修行，反而满处讲打打杀杀，不觉得有悖道学吗？"其实武学、道学、医学自古就是密不可分的，他们三家就是一个整体。自古道士修行就没离开过武学。过去有名的高道其实都是武学大家，他们修炼学道，追求长寿，往往伴以习武，所以道士中就不乏武林高手。武术在继承古代武术攻防理论的基础上，运用《易》中守柔处雌、以静制动等原理，参以道教内丹功法的经验，逐渐形成自己的理论体系、拳功、拳法和独特风格。其一招一式都体现了对人心理、生理的调节，包含舒筋活络，补血调气，滋养五脏，陶冶身心之妙益。是动和静的完美结合，并且有很高的搏击价值。

他们一方面用武学养生，一方面则是用武学防身、护生。只是武术与"杀伐"一词联系得太紧密，因为武学是围绕着搏击技术转的，所以这些大德不会轻易提及它，就像孔子曾写过《诗经》、注过《周易》、编过《春秋》的文圣人，其实他同时还具有超凡的武功，只是不肯以勇武闻名而已。这大概就成了当今的修行者，误认为武学与道学与儒学不相干的原因吧！所以只谈武学里的养生，避其实战艺术是错误的，武学的精华就没有了。

有人会说练武往往在习练之中总装着一些攻防的目的，是很难做到"心中无一物"、"无为不争"的，去掉这些争念是有好处的。而且有些习武者也有这种想法。我认为人生在世是不太平的！如遇到坏人你如何防身？如遇到坏人危害他人，你如何护生？叫警察叔叔吗？等警察来了跟他说我是练武的，没有能力保护自己，所以叫你们，你不觉得这是个笑话吗？武学是攻防的艺术，也是咱们老祖宗传给后人的瑰宝！只提武学养生一面，会把这一瑰宝断送掉的！其实养生的方法有很多，比如华佗的五禽戏等方法都是养生的好方法，你干吗不学这个而单往武林界里扎呢？有人说："无与人争！则天下没人与之争!"我看了很生气!外族侵略怎么办!坏人欺负你怎么办!那些平时不练武只谈"心中无敌天下太平"的朋友,您没遇到过坏人吗?遇到时还谈"不争"吗?和平时期谈不争是表个姿态,表现自身的境界!遇敌时谈不争则叫软弱!孔子曾讲"文事者必有武备",一个国家平时不能安于太平,要有忧患意识,要有武备!一个国家如此,而每个人更应是如此!这个社会不是你不争就没人欺负你的社会!这种思想是汉儒编造的!就像汉儒编造的禅让制一样,都是谎言!自己不强大起来,早晚会被人欺辱!自己强大了没人与你争,自己弱小了人人与你争,甚至瓜分你!"不争不足以得天下"一句才是真正的道家思想!道家哲学是中国古代哲学家通过对"天"(宇宙自然)、"地"(地球自然)、"人"(以人为代表的地球生物)相互联系的观察研究,所获得的一种宇宙、世界、社会、人生整体统一辩证的哲学观念。珍爱生命必须有防身术,因此以道家哲学原理为指导的道家防身术"拳法"便产生了。所以武术是道教文化不可分割的一部分,它深深根植于数千年华夏文化的沃土中,蕴含着深刻的中国传统哲理奥妙,把中国古代太极、阴阳、五行、八卦等哲学理论,用于拳理、拳技、练功原则和技击战略中,其本质上是探讨生命活动的规律,这是内家拳依托道教理论在生命探索中所产生出的光辉结晶。

传统武术的搏击靠什么?"远打、近拿、贴身摔",所以传统武术谈搏击是离不开这几种模式的,任何一项都没有习练过的习武者在实战中是很难发挥出传统武术搏击特点的。但是我看最近的热点评论,发现多数人以为传统武术实战是靠套路。许多人以为传统武术的套路是前辈经过多年战场、私斗整理出的行之有效的杀招,这个观点没错,错就错在师父把套路里的杀招给你拆开讲过吗?你有实战的功夫吗?在武术界,老师在传授拳法时,都在提醒自己的学生要下功夫。若不下功夫苦练,到头来也只能是徒有空法骗己而已。俗话说:"练武不练功,到老一场空。"因为武术是搏击的艺术,所以它的功夫是离不开这五点的。

1. 伸筋拔骨、窝腰踢腿的功夫:练习武术首先要把筋骨伸开,因为只有伸开了筋骨人才能有灵活度。俗话说:"脚打七分,拳打三",如果筋骨伸不开腿就很难踢出力度。

2. 内功修炼:内功是武术内在的东西,练到身上是不会丢的。这就是武术与其他体育运动本质的区别。而只重打法不练内功,会得不到瞬间发出的能量,没有此能量在搏击时再好的招法也是无用的,没功力打不倒人。内功修炼是离不开道家内养之术的，内养之术是对生命的养护及提升，是一个完整的炼养体系。而武术里的内家拳就是把这种炼养体系，逐步演变成为内家拳独有的拳术特色。

3. 打斗技巧的磨炼：我们的祖先创造出了武术，它不是硬碰硬的，靠的是招法的技巧，通过长时间的招法技巧练习使招法得心应手、具有百变性，从而才能在打斗过程中变化出各种招式，这些招式都是通过对方的招法甚至是借对方的力变化出来的。

4. 抗击打能力的功夫：抗击打能力的功法，意在锻炼人的筋骨肌肉，疏通经络血脉，调摄气机等，能使习练者在需要时全身坚硬似铁而不畏拳打脚踢。

5. 运动知觉：在搏击时自身的反应又叫运动知觉，是下意识的临场反应，这种反应靠的是感觉，打斗时不用大脑思考，身体自然做出的反应。这种下意识只有通过长期的搏击对抗练习才能练出来。

以上综合起来就是武术界常说的功夫，是通过持之以恒的对抗练习才能练出来的，所以才叫实战功夫！

传统武术门派没有好坏优劣之分，因为他们本来就是一家。实战功夫好坏优劣的关键在于使用者的水平。有人会问现在传统武术门派对抗散打怎么样，传统功夫能不能与散打抗衡？我说能打，但胜算不可测。为什么？一是规则问题，二是中国传统武术已经很长时间没有高水平的打过对抗了，只剩下传授和练习。传统武术没有相当一段时间的高水平对抗，是恢复不了元气的。要怎么样才能证明传统功夫能打？我认为首先要开放规则，和各种技击各种门派打，包括什么拳击、摔跤、柔道、跆拳道等等。因为功夫本身就包括数不清的门派，打的时候加以保护，只有广泛接触和交流，才能重新激活传统武术的实战技能。不过，刚开始一定会输得很难看，原因一是体力跟不上要求，二是运动知觉不足，无法马上把所学的招法应用上来。

传统武术强大，不代表每个学传统武术的人都无敌，搏击只有在不断的磨练和交流中才能更强。现在学传统武术的走岔路的多。传统武术本身就是搏击的艺术，强身健体和美的欣赏只是副产品，很多人是冲副产品去的，当然也有把这个概念卖给老外和不懂的人，于是衍生的副产品变得比传统值钱了。我认为武术的附属品是应该更好地帮助人学习和了解武术的工具，并把传统武术和健身项目分开来，这样才能让人真正的了解这门技艺。

如果一个学传统武术的从没打过、败过，则很难会总结出实战的真正经验，只有屡败屡战、屡战屡进、越败越强的那种人才是传统武术的高手。中国武术自古就是从自然实践中总结出来的。所以它肯定是遵循自然规律、人体规律、运动规律的。传统功夫很多是要从小练起的，循序渐进的过程不能少，各种辅助练力的古老方式也不能丢掉，不过一定要加入现代的训练方法，这个过程是要经过相当一段时间的练习的。以前的宗师和高手真的是打出来的，像我的祖父，小架梅花桩拳一代宗师韩其昌老先生那样，那种注重内在神韵、品格、节操；那种赴擂场而操绝技的本色风骨，我想恐怕再过一万年，都会让人永远怀念。

传统武术不是比谁的力量大，谁的速度快，谁的身体强壮，而是靠传统武术技击的各种复杂技术及训练方法来弥补这个劣势，力量和速度当然是决定因素，技术与训练同样也是。如果仅仅说力量、速度、身体强壮，难道敌人比你身体强壮，速度比你快，力量比你大，就不上了？正是因为传统武术的技能及特殊的训练方法，能够让一个身体处于劣势的人取得胜利，所以传统武术才能以顽强的生命力延续至今，它才是中华民族的瑰宝！

看完这些您说太极拳能不能打？

后 记

目前大家都在讲如何弘扬传统文化，可传统文化是分主流文化和非主流文化的！何谓主流文化？即以文、武为代表的，能增加个人实力、国家实力的文化。这种文化能强身、育智、磨炼精神，能使人得到根本的改变。所以它是富国强民的基础，否则便是非主流文化。习近平总书记最近讲："中国传统武术是中国一种特有文化，是中国的一种文化品牌，是国家形象的代表，它具有深厚的文化底蕴。通过武术作为载体进行教育，对传承与弘扬中国传统文化，增强民族认同感和凝聚力都具有重要价值，练习武术对提高国民身体素质、增强民族自信心和增加民族凝聚力显得尤为重要。武术教育迎合了中国梦的需求，能助推中国梦的实现。而九三阅兵更是中国尚武精神的最好体现！"通过习近平总书记的这个讲话可见传统武术在民族复兴中的地位了！

练字、操琴、吟诗、作赋等文化，是文人文化的代表，练字、操琴可使人凝神聚气，磨炼心性，抒发心怀！吟诗、作赋可增加个人魅力及修养。中国的文人还传承着儒家仁、义、礼、智、信等信念，他们用此处事、修身。而骑射、习拳、研究兵法、阵法，熟练应用十八般兵器则是一个武人平时做的功课。他们冬练三九、夏练三伏，这样既磨炼了意志，又练就了一身钢筋铁骨。而且练过武的人反应力是超强的，所以他们能应对各种突发事件。他们同样推崇儒家仁、义、礼、智、信等信念，讲究尊师重道、以德服人。文人与武人又都有一套自己的内养之术，此术来源于中国医家的哲理，故此他们的寿命能过百岁。所以学习传统文化，发扬文武之道精神才是一个习武者应该传承的。

传统武术是中华民族之魂，是民族昌盛国力强大的根本。它既是国粹，又是文化。传统武术里融合了中医学、中国古典哲学、兵法学、文学、伦理学、力学、心理学等一系列学科，所以武术是中国传统文化里的精髓，它能使中华民族更加强大。练武术还会使你具备一种能力，即："修身、齐家、治国、平天下的能力。"用什么来约束拥有这种能力的人呢？那就得靠"德"和"道"了。

其实练武者都知道练拳如同"修道"，因为"武道"能净化心灵，善化社会，美化人生，因此习武者的人生是快乐的。所以武术里的"修道"，是一种修行式的生活方式，他们遵循养德、习练、弘扬的这个途径走着自己的人生。可以这样说，"武道"是身、口、意的自律及自我开展的自我净化，否则将沦为"武夫"，会让人看不起。而修行是需要内心宁静的，人在练拳中所得到的宁静才能够起到养生作用，才能够开悟生智慧。一个人如能长久地保持内心的宁静，这其实就是一种修养，是一种气质，更是一种境界。宁静不是平淡，更不是平庸，而是一种充满内涵的幽远。当一个人如真能在宁静中触景，这才是大彻大悟之时。诸葛亮《诫子书》也曾提到："夫君子之行，静以修身，俭以养德，非淡泊无以明志，非宁静无以致远。夫学须静也，才须学也，非学无以广才，非志无以成学。怠慢则不能励精，险躁则不能治性。"所以学会宁静才是一个君子修身的基础。

练拳者应该有高尚的举止，文雅的行为规范。习武者可用这些外在的形式来培育与发展内心的端正与仁慈，借此提升自己的人格。所以一个习修武道之人，要外练筋骨、内炼调息。通过以外带内，实内而强外的方法来健身、治病、养生、御敌；同时还要通过修心养德，使心神安定，达到内生情愫而不动，外应声色而不染的状态。大家看完这些应该明白武道的修行不是整天练武、打坐，那些只是武修的形式罢了。习武既是改变又是修行，所以才叫武修。武修有修正、修理和修除等意义。行是言行。那么武的修行，就是修正、改变我们的言行。也就是说，不该说的不要说，不该做的不要做，不该想的不要想，就叫修行。修行的先决条件是：信奉武道、不犯禁戒、依法而修、勤练不懈。

道教有句名言："道本无名，非经不可以明道，道在经中，幽深微妙，非师不能得其理，经无师不明。"目前武术教材很多，但不能代替老师的口传心授，武术中的微妙之处，往往是文字难以表述的，需要老师的点拨及示范，这也是武术传播中的一大难点。特别是对习练太极拳功法中火候的掌控，更需要明师根据每个人的身体状况以及领悟力的差异逐个施教。祖父讲："师父教徒言不明，徒弟必定艺不精。"所以练武的关键就在于找一位"明师"！而且明师除道德高尚、武艺卓绝、能顶天立地外,还应有育人招贤的才能。所以一个真正的"明师"必定是一个头脑聪慧、知识渊博、品高德尚、功高技巧、正气凛然、尊长敬幼、慈善儒雅的长者。祖父讲:"明师必须具备三明:一为眼明,能洞察是非,辨其奸雄,能引人入正途,从而弘扬正气、报效国家;二为手明,武艺高强,能够春风化雨为众人之师;三为知明,博学多技尽得真传,能够引领徒弟知拳理、练其艺、悟其道。"而且师父与徒弟之间的关系必须是亲密的。因为武术教育关注的是心灵,所以要求师父与徒弟之间要互相了解、互相信任、互相喜欢。这样才能"传道",即把自己的人生态度和价值观传给徒弟。如果徒弟和师父之间互相不了解、不信任,那么只能传知识和技艺,是传不了"道"的,更不能把师父的思想传承下去!师徒之间关系的好坏是离不开这两种因素的:一是师慈,师父有一颗仁德之心,能爱护徒弟,平时不要以老为尊,有时也要向年轻人学习,师父这样做了与徒弟关系就会好否则就坏。二是徒孝,徒弟知道尊师重道,能维护师父的尊颜,知道孝敬师父,徒弟这样做了与师父关系就会好,否则就坏。

  武林界深知一个道理,当一个拳门中对师祖的价值认同发生动摇,那么也就意味着这个群体自身已发生裂变,不久就会消亡,所以武林各派弟子们特别注重尊师、敬师,以此来维护这个群体。据小架梅花桩拳教言讲:"梅拳珍珠倒卷帘,徒弟倒把师父传。皆因徒弟遵师命,传授初学访高贤。遍游各处来教会,师父面前诉一番。所传某人什么艺,所访何人艺哪般。从头至尾仔细讲,本性不敢把师瞒。师亲徒来徒尊师,彼此谈心艺业传。莫笑师徒传换艺,梅拳本是父子拳。武艺高强遵师训,哪个胆大不听言。徒儿不能比师大,浮云不能漫过天。学艺曾立宏誓愿,忘师背祖誓偿还。鸿蒙未开从头论,万古千秋往下传。"梅拳师徒的关系如同父子,师父鼓励徒弟可以到外面去学艺,而且等徒弟学艺归来还可教师父,这种胸怀及以慈父般的心态来对待徒弟,他们的感情能不深吗?武艺能不高吗?这点希望太极拳爱好者们学习之!

  所谓武道修行,就是学道,悟道,行道,证道的一个过程。不管师父还是徒弟其实都是有些小毛病的,人无完人嘛!所以要修,要改掉身上的毛病。要修正自己的行为,使身心趋于武的正道,最终达到武道的最高境界。近些年由于门派之见与传统文化的遗失,导致了中国武术在逐渐地衰落、失传,虽然在民间还隐藏一些功夫高手,但也基本上处于近乎绝后的状态。究其原因就是师徒传承及学艺的信念上发生了问题,早期的师父与徒弟想的是演练文武艺，教授后来人。美名远近播，万古流芳传。可看看现在师父与徒弟想的就有些不同了，目前有如下几个特点：

1. 有些人论资排辈的现象比较严重，都想当大辈。所以他们拜师，先不管师父会多少，个人功夫如何，人品如何。这些关键问题在他们的眼里都不重要，重要的是先有个大辈分。试问，即便你的师父是师祖亲手嫡传，堪称辈分很高，但艺没上身，自身修为又尚浅的所谓大辈，能对你的身心教育有帮助吗？跟这样的人练功能有长进吗？所以求辈分的高低、不求实际的真功才是最愚蠢的行为。

一个想拜师者要先从根本上了解你所学门派的历史渊源。其次是多观察师父的言行，要选有修养、有真功的进行交往；甚者还要看师父所传弟子的言行及他们的功夫，他们练了许久都没跟师父练出真功夫来，你也照练不出来。所以拜师不是盲目的，是需要认真斟酌的，当你真正了解了师父，才能考虑入门问题。因为以后你要改变师门将会被众人视为是欺师灭祖的行为，故要拜师谨慎。

在武林界拜师、收徒弟是双向选择的，是你选我、我选你的一个过程。武林界师父收徒弟也不是随便收的，师父要考问你对练武的心坚不坚，你为什么来练等问题，师父还要考察你的人品。一旦拜了师，师徒俩的情分就算定了。从此师徒俩就开始在严寒和酷暑中一起习武磨炼，所以拜师收徒在武林界是件大事，岂能等同儿戏一般？

2. 有些想学武的人跑来问我：道长，我真的很想学习武术，但是我不想太吃苦，也没有时间天天坚持练习，您有没有什么秘诀神功可以传授一下，让我们能像电影里演的那样，没几天就成为大侠客？贫道左思右想，真想不出什么神奇的方法来。要知道，练功的过程本就是一个先苦后甜的过程。诸君读我这本书时，只需翻翻纸页，看看文字图片，这是何等轻松；可要将那些技法动作练到心念专一、流畅准确，是需要受累、流汗的，是要花力气才能将功夫练到身上的。仅仅掌握了简单的技法并不能说明已得到了武功，你还需将武术的真谛融会贯通，真正记在心里、印在脑中，才能发挥自如。这个过程苦中有乐，持之以恒会收获良多。有的人没有明确的学习目的，没有树立修习"武道"的远志，只图一时的心血来潮或抱有某种不切实际的幻想来练功，一味追求好高骛远、急于求成，这当然是不行的。

现代人生活安逸不愿吃苦，就更别提帮师父干活了，又因为生活节奏加快，迫于生活之累，没有时间去练拳。所以练武求省事、练功松懈是有些习武者的通病，平时给自己设定的练武标准低，心里总是打折扣，自己骗自己，能练十分钟，不练半小时，对于学习的技艺浮皮潦草，不求甚解，平时不去吃苦练功，一味地去追求什么奇迹发生在自己身上，其实这些都是徒劳的。功夫功夫，是靠花时间练出来的，试问这样的练习怎能出真功，怎能练出克敌制胜的身手来！当自己面对强手挫败时，反而埋怨师父，埋怨师父平时如何如何的不传真艺！这些习武者，心存投机取巧的心理，想不出力气、不流汗水便身怀绝世武功，这恐怕是武侠小说看多了的缘故吧！他们总想着能得到什么秘诀、秘笈、秘技，入了师门便求着师父传什么绝招之类，如师父不讲便心生怨恨。试问，天下哪有什么绝招、秘诀、秘笈、秘技啊！实际上就是你自身练出的反应能力以及你通过长久的练功自身积攒下来的功力，再加上师父教你的招法才是你的绝招，才是一个习武者的资本。

我认为徒弟要想学本事，非常简单。多帮着师父干点活，别老让师父做事情，唯师命是从，这样老师才有空闲有机会观察你的动作特点，给你切实精确定位，然后才能精确施教。否则他老人家被平时的生活琐事缠着，还要教你功夫，他哪里有时间指点呀？

3. 我祖父曾跟我讲："武术是活到老学到老的东西"，他老人家的一生就是这样做的，我祖父每次看到新技法就会认真地去研习。而现在有些习武者求速成，没真正的沉下心去练拳、去做研究，而且门户之见越来越严重，什么都是自家的最好，不去研习他法，古人井底之蛙的寓言估计就是说给他们听的！尊重和爱戴自己的门派是对的，不过，这还要看你怎样去尊重了，比如，我是练梅花拳的，我逢人便说，我练的这种拳法有多好，有多么的厉害，可当我遇到一个练形意拳的高手，被他当众打败了，你将如何面对梅花拳的师父？其实我的失败是源于我不了解形意拳所致，不了解就要吃亏，这跟梅花拳技法的优劣没多大关系，是你自身见识短、功夫浅所造成的。过去的习武者从不提及我会什么，他见好东西就学，可说是博采众长，当需要动武时，赢了才报我是练何种拳法、师承是谁，练的是哪一派，他的所作所为能不为本门派争光吗？过去的习武人都知道武术是一家，他们见好东西就学，哪有那么多门户之见啊！

4. 武林界自古以来就倡导重情、重义，要有侠义精神。所以老武术家都是视金钱如粪土，他们豪爽大方一直守着"传艺不卖艺"的规矩。我的祖父就曾讲过有人出二百两银子想学对劈刀他都没有卖的故事。他们这代武术家是多么的淳朴善良！他们在与徒弟交往时是出于真心、真义的，他们从不考虑个人利益得失，无偿地把自己多年所学，免费地传授给弟子，但这种无偿的付出换回来的却是冷漠，有些师生相见视同路人，还有的在学完后音信全无，逢年过节连个问候都没有，这怎能不让老武术家心寒！

不过，现在有些大师身价很高，跟他学一堂课要十几万的学费，学个云手动作就要三千。练习者在课堂上反而学得格外的认真，而且也练得格外的刻苦，他们对老师更是格外的尊重、敬佩，我看到这个反而认为这些大师有本事。但是，就是想不通一点，无偿的教徒换不回来真情意，有偿的、而且是收大价钱的，却使徒弟有情有义了！过去君子之交淡如水，不重金钱重情义，现在正好相反了！

在武术界，师父待徒弟可说是亲如一家，徒弟到师父家经常是该吃吃、该喝喝，更没有给师父学费这么一说，甚至在徒弟没钱时，师父反而周济徒弟，长此以往便养成了有个别徒弟占师父便宜的陋习。有的徒弟以借钱的名义管师父要钱，当骗走了师父多年的积蓄后便反目成仇，这些人真是可悲可叹啊！

5. 有些习武者缺规少教也是目前武林界一个让人伤心的话题，这些习武者跟师父学艺多年后，身上有了点功夫便目中无人了，他的言谈举止便流露出老子天下第一的劲头来，更不把师兄弟看在眼里，有的甚至辱没师门。这样的徒弟要在过去早就被人灭掉了，可现在是新社会，真拿这种人没有办法。这种人缺乏教养，不知深浅，甚至是不知好歹。因此，我常说，我的学生入门的第一件事就是立规矩，而且还让他们互相监督，相互制约，要让他们知道如何说人话，办人事，不能认真费力的教了几年，反倒给自己培养出一个敌人来！

我认为，无论你习练过武术，还是正走在习武的路上，你们都应该感恩于你的师父。他用武德教育你，教你本领，给了你健康的体魄，让你好似拥有了飞翔的翅膀，从此所有的挫折与磨难都将是风，能让你扶摇直上，这是你师父教给你的思想及功夫成就了你，你的师父用"武道"让你的灵与肉成为一个整体，让你知道了什么是天人合一，并使你内心充满了阳光，所以你要感恩他。小架梅花桩拳教言曾讲："为师不易，教徒更难。到处教授，众皆欣欢。留神细审，百无周全。有穷有富，有勤有懒。有拙有巧，有愚有贤。

勿拘一体,规矩方圆。量才而教,思而后传。赤心彼众,终落怨言。远近亲后,正直思偏。彼不省悟,所遇无缘。前思后想,泪如涌泉。唉声叹气,回慎作欢。同一门下,不辞祖传。忍耐待时,天道循环。彼自警觉,师父传咱。不为饮食,不图银钱。不惮其劳,所为哪般。从此勤学,尽心精练。出类拔萃,文武双全。名扬四海,不愧师传。万古流芳,永不朽焉。"小架梅花桩拳的教言正好讲到了武文化的关键点"天地君亲师"及师德文化上。

梅拳的"天地君亲师"信仰来源于古人要报五恩的观念。"天"在古代人的印象中是人间祸福的主宰,也是自然的支配者。天在能给人福泽的同时,也能给人灾难,能降雨使人们丰收富足,也能不降雨让人们遭到饥荒贫穷。古人天与地的观念是一起的。"地者万物之本源,诸生之根源也",大地上生长的万物能够供应人们的衣食住行,故有"大地母亲"之说。人们是天地所生所养,天姓父地姓母,天无日月,就无昼夜、四季的交替,没有阴阳的交替,大地上的万物又怎能生长呢?班固在《白虎通义》中记载道:"王者所以有社稷何?为天下求福报功,人非土不立,非谷不食。故封土立社,示有土也,稷,五谷之长,故立稷而祭之也,古有国者必立社稷,社稷代表国家,以社稷的存亡,示国家之存亡"。这足以说明古人概念中的"天"与人们生活息息相关,所以要报其恩德。

"地",人类的一切生存所需都取之于地,把大地比作母亲,是再恰当不过的了。在易经中,乾主要是说天,有天父的含义;坤则主要说地,有地母的含义。在我们的实际感觉中,天就像一位严父,地就像一位慈母。地球这位无比伟大的母亲给了我们太多太多的恩泽,却从未向我们索取过一丝回报。因此,中国民间以祭拜土地神的方式,以表达对大地的敬仰。土地神也是中国民间信仰普遍的神之一,主要流行于汉族地区,部分受汉文化影响的民族也有信仰。土地神还属于民间信仰中的地方保护神,是具有福德的善鬼神;凡有汉人居住的地方就有供奉土地神的情景。

"君",从伏羲女娲开始,炎帝、黄帝、尧、舜、禹、汤,到文、武、周公,这些都是咱们的人文始祖及有道明君,是他们把华夏民族从茹毛饮血的蛮荒时代引导至人类文明时代,发明了各种生活工具,提高了生活质量,奠定了人伦大纲,为人类社会文明的发展,做了巨大的贡献。据说伏羲女娲制定人伦夫妻大纲,成为人伦之祖;炎帝尝百草,一天能遇上五十种毒,神而化之,从而发明了中草药,直到今天人们都在使用;黄帝所著的真宗修身养性之道，发明的医理和针灸流传世界使用到今；大禹治水三过家门而不入，这种大公无私的精神，正是人们学习的榜样；周文王发明的农历，二十四节气，一直沿用至今，对中国这样的农业大国的贡献是毋庸置疑的；"周公之礼，国与国交，大礼三百，人与人交，威仪三千，成为社会稳步发展的保障"，现代的人与人之间，还得用礼来维持人际关系，国与国之间，还得用礼来维持着国家之间的交往。见于上述之"君"对华夏民族的贡献所以要报其恩德。

"亲"，进入人伦者为亲，旁系的不说，直系的就有很多。按照儒家的划分，它属于孝悌仁义的范畴，也就是说，对长辈要孝顺，对同辈要友好，对朋友要宽容，对晚辈要慈爱，夫妻之间要有礼遇。在这里不说血亲，只说朋友。朋友虽不是血亲，但胜似血亲。俗话说：在家靠父母，出门靠朋友。朋友也是分层次的，有刎颈之交、八拜之交、忘年之交、生死之交、患难之交、神交、至交等等，还有酒肉之交。人以群分，物以类聚。朋友讲究的是交心、知心。朋友相亲，如同男女相爱，爱和恨的程度是呈正比的，反目成仇的往往是最要好的朋友。因此古人说，对朋友要讲仁义，要相互宽容、谅解、忠信、尊重。还有诤友，是说还要相互批评帮助。古人的论友、交友之道，很值得今人学习。

人的至亲即是父母了，父母就是子女的天和地，中国二十四孝的故事是家喻户晓的，这就是教育子女应当孝顺父母的典范。以至于《孝经》中有言"身体发肤，受之父母，不敢损伤，孝之始也，立身行道，扬名于后世，以显父母，孝之终也"，这些正说明中国传统孝的观念已深入人心。所以父母的恩德是做子女的必须报的。

"师"，如果说父母孕育了人的肉体，那么师就培育了人的心灵。这个师不仅仅是传授文化知识的教师，更是指心灵根源的精神导师。然而在古代这个"师"更多的指历代明君，如伏羲、炎帝、黄帝、尧、舜、禹、汤、周公、老子、孔子。因为他们的德服众人，功绩使得后人受益，比如人们都熟知周文王的故事，"文王身体力行，为人君，止于仁；为人臣，止于敬；为人子，止于孝；为人父，止于慈；与国人交，止于信"。他给人们立下了格物致知修身齐家治国平天下的人生观。这些道理都是社会繁荣、国家稳定、民族昌盛的基石。所以过去的师父不是那么好当的，武林前辈总结有六条：一、师之重；二、师之责；三、师之慎；四、师之道；五、师之法；六、师之本。

看完上述这些，那些好为人师者应该想想了，你有为师的资格吗？师父有师之重、师之责、师之慎、师之道、师之法、师之本这六德，弟子才尊之。所以为师者要提高自己的教学水平，以上述六德为自己的为师标准。而弟子要培养自己高尚的情操，要以武道的修炼形式来净化自己的心灵，改掉自身的毛病，树立"尊师重道"精神，要以"道"、以"德"来行事。师徒双方只有这样才能提高自身的思想境界，师徒之间才能团结，门派才能发展。而一个有道有德的武林界才是武文化发展的乐园，贫道希望这一天早日到来，早日能为助推中国梦的实现做出贡献。